나는 매일
블로그로
출근한다

나는 매일 블로그로 출근한다

한혜진 지음

경이로움

쓰다 보니
인생이 바뀌었다

나는 왜
블로그를 할까?

솔깃한 플랫폼이 지천으로 깔려 있는 세상이지만 나는 여전히 블로그를 한다. 2022년 7월이면 꽉 찬 8년이 된다. 사진 플랫폼, 영상 플랫폼에 기웃하다가도 부메랑처럼 블로그로 되돌아오곤 했다. 왜 그럴까? 3가지 이유가 있다. 첫째, 블로그에도 사진과 동영상을 실을 수 있다. 둘째, 긴 호흡으로 맥락 있는 서사를 풀어낼 수 있다. 셋째, 타고난 재능이나 개그감, 외모가 없어도, 즉 눈으로 보여줄 것이 없어도 할 수 있다. 시각 자극보다 정서 공유가 중심인 점도 매력적이다.

다가올 미래에는 '연결'을 잘하는 능력이 중요해진다고 한다. 블로그는 모든 플랫폼을 연결하고 조합하기도 편하다. 나에게는 고효율에 가성비 좋은 플랫폼이다. 신생 플랫폼이 우후죽순 생겨났을 때 한물간 취급을 받았지만 블로그는 여전히 건재하다. 2020년 네이버 통계에 의하면 블로그 탄생 17년 만에 역대 최다 블로그가 신설되었으며, 20대 사용자가 가장 많았다고 한다.[1] 짧고 자극적인 플랫폼이 주축을 이루는 요즘 시대에 블로그는 되레 '힙한 플랫폼'으로 주목받는다는 기사를 읽은 적이 있다.[2]

단지 색달라서 블로그가 각광받는 걸까? 각자도생 시대에 나를 비교적 정확한 언어로 설명하고 싶은 사람이 늘어났기 때문은 아닐까? 인간은 누구나 존재감을 드러내길 원한다. 돋보이는 존재감까진 아니어도 존재감 제로를 원하는 사람은 없다. 디지털 세상에 발을 걸치고 존재감을 내비치고 싶은 사람이라면 블로그에 나를 기록해보자. 자신을 위로하며 자아를 충전하기 좋은 공간, 블로그에서는 누구나 주인공이다.

긍정적인 변화를 일으키는
라이프 스타일, 블로그

나는 빙송작가였다. 10년 넘게 몸담았지만 나 자신을 주어로 삼아 글을 쓴 적은 없다. 나는 내 삶을 글로 풀어내려는 의지 하나만으로 블로그를 시작했다. 출발선의 나는 물음표에서 허우적대고 있었다. 내 삶에서 명쾌한 것이 별로 없었다. 외롭고 불안했다. '왜 이렇게 살아야 하지? 뭐가 잘못된 거지? 나는 왜 괴롭지?' 불행으로 가는 특급열차를 탄 기분이었다. 열차에서 내리고 싶지만 내릴 만한 패기도 없고 내린다 한들 다음 이정표는 어디인지도 전혀 감이 없었다. 동아줄이 필요했다. 특별한 재능이 없어도 쉽고 간단하게 매일 매달릴 수 있는 동아줄, 나에게는 블로그였다.

동아줄을 부여잡고 산 지 7년. 나는 불행열차에서 하차했을 뿐 아니라, 내가 원하는 삶의 방향으로 자가용을 타고 가고 있다. 나를 닮은 콘텐츠와 무한 확장이 가능한 N잡이 생겼다. 블로그를 하기 전에는 내가 회사를 찾아가야 일자리를 얻을 수 있었다. 블로그를 한 후에는 회사가 나를 찾아와 일거리를 준다. 같은 글을 써도 직장에서 쓴 글은 나에게 소유권이 없다. 월급을 받으면서 직장을 위해 쓴 글이기 때문에 저작권 자체가 나에게 주어지지 않는다.[3] 하지만 블로그에서 내 글은 온전히 내 것이다. 블로그 덕분에 5권의 책도 냈다. 블로그는 집필과 마케팅을 동시에 할 수 있고, 내 이름표를 붙인 글을 포트폴리오로 만들 수 있는 환상적인 플랫폼이다.

무엇보다 가장 큰 혜택은 '나 사용법'을 비롯한 자기이해지능(내면지능, intrapersonal intelligence)이 생긴 점이다. 운전대는 내 손에 있다. 사는 게 내 의도대로 될 수도 있다는 걸 블로그에 글을 쓰면서 배웠다. 인생의 고통은 대부분 내 마음대로 되지 않아서 찾아온다. 내가 원하는 대로 이루어지는 삶, 이보다 재밌는 것이 또 있을까? 블로그는 긍정적인 변화를 일으키는 라이프 스타일이다. 나를 기록하면 '내이름실록'이 된다. 사실이 역사가 아니라 기록이 역사다. 기록된 역사는 기억된다. 나는 나를 기억하기 위해 블로그에 글을 쓴다. 기억하고 싶은 나날을 차곡차곡 쌓다 보면 좋은 인생을 가꾸는 기분이 든다. 나는 인생의 재미로 블로그 하는 법을 이 책에 실었다. 인생이 재미없는 사람에게 '꿀잼'을 보장하는 책이 되길 바란다. 내가 추구하는 블로그의 가치는 다음 4가지다.

• 나다운 블로그
• 지속 가능한 블로그
• 콘텐츠 베이스캠프로서의 블로그
• 삶을 참되게 가꾸는 블로그

내가 추구하는 블로그의 가치를 중점적으로 설명할 것이다.

콘텐츠 창작의 기본기, 글쓰기를 블로그에서 익혀라

바야흐로 콘텐츠의 시대다. 콘텐츠가 없으면 도태되는 기분마저 든다. 콘텐츠 창작자들은 입을 모아 말한다. 글쓰기를 잘해야 한다고. 심지어 영상 플랫폼인 유튜브도 글쓰기에 따라 완성도가 좌우된다. 한 유명 유튜버는 이런 말도 했다. "잘되는 유튜버치고 글 못 쓰는 사람을 본 적이 없다. 글쓰기는 그 사람의 수준을 보여준다. 성공하고 싶다면 글쓰기부터 연습하라." 과장이 아니다. 유튜버는 영상 촬영과 편집만 잘하면 될 것 같지만, 타고난 끼나 뛰어난 외모를 가진 사람을 제외하고는 대본부터 잘 쓰는 것이 정석이다. 특히 카메라를 보고 말을 하는 방식의 유튜버는 대본이 생명이다. 대본만 있으면 텔레프롬프터(teleprompter, 글자를 재생해주는 장치)를 보면서 소리 내어 읽기만 해도 구색을 갖춘 영상을 만들 수 있다. 결국 영상 플랫폼인 유튜브도 기본기는 글쓰기인 것이다.

블로그에 만든 콘텐츠는 투자를 위해 모은 종잣돈처럼 파급력을 갖는다. 블로그에 콘텐츠가 쌓이는 것은 끝이 아니라 또 다른 시작이다. 블로그는 콘텐츠 베이스캠프(base camp)다. '베이스캠프'는 히말라야와 같은 세계 최고의 봉우리를 등반하는 산악인들에게 아주 중요한 기지다. 여정마다 모든 짐을 들고 다니기는 힘들기 때문에 베이스캠프라는 고정적인 시설에 생존과 등반에 필요한 모든 물자를 보관해둔다. 베이스캠프 없이 정상을 정복하기란 사실상 불가능하다. 반대로 베이스캠프에 풍부한 물자가 있고 튼튼하다면 정상을 오르는 데에 큰 힘이 된다. 콘텐츠도 마찬가지다. 블로그에 쌓인 '종자 콘텐츠'가 고퀄리티에 양까지 충분하다면 보다 다양한 기회를 얻을 수 있다. 예전에 한 기업에서 이런 광고를 한 적이 있다. "당신의 베이스캠프는 어디입니까. 어디로 가야 할지 모른다면 '방향'이 될 것이고, 어떻게 가야 할지 묻는다면 '지도'가 될 것이고, 계속 가야 할지 망설여진다면 '용기'가 될 것입니다. 베이스 없는 정상은 없습니다."[4] 베이스 없는 콘텐츠는 없다. 콘텐츠 창작자에게 베이스캠프는 어딜까? 아직 베이스캠프가 없다면 블로그를 추천한다.

블로그에 '나'를 담으면 생기는
놀라운 변화

나는 2019년부터 자기 이해를 출발점으로 삼는 블로그 글쓰기와 퍼스널 브랜딩 수업을 했다. 일대일 맞춤형 수업이기에 소수 정예로 진행했다. 이 수업을 통해서 변화한 사람이 여럿이다. 그들이 공통적으로 하는 말은 "나답게 하니까 신난다"는 것이다. 한 졸업생은 원래 제품 후기를 통해 추가 수입을 얻고 싶어 블로그를 만들었는데 폐쇄 수준의 유령 블로그가 되어버렸다고 한다. 다행히 내 수업을 듣고 자기 목소리를 찾았고, 지금은 블로그로 하고 싶은 일을 하면서 돈도 벌고 있다. 돈을 벌려고 작정했을 때보다 훨씬 더 재미나게 말이다. 글로벌 푸드 브랜드에서 20년 넘게 일하며 점장으로 능력을 인정받던 분은 블로그를 통해 직업을 바꾸고 어엿한 사장님이 되었다. 그림책방을 열고 싶다고 했을 때 나는 "이미 창업한 것처럼 블로그에 그림책 사랑을 표현해보라"고 권했다. 마침내 그분은 국내에서 보기 드문

한옥책방을 열었다. 창업 전부터 운영하던 블로그는 온라인 책방역할을 톡톡히 하고 있다. 블로그에 글을 썼더니 강연 요청을 받고 인터뷰 섭외가 들어온다며 놀라움을 금치 못하기도 한다. 쓰기 전엔 모른다. 쓰다 보면 안다. 이것이 블로그다. 블로그 글쓰기에 재미가 붙으면 글쓰기 실력 향상, 콘텐츠 발굴 및 개발, 사업 확장까지 다른 것은 자석처럼 부수적으로 따라온다.

블로그 글쓰기를 위해서 밑천이 들어가고 진입 장벽이 높다면 대중서로 집필하기는 어려웠을 것이다. 블로그 글쓰기는 누구에게나 무료이며 한글만 알면 초등학생도 할 수 있을 정도로 진입 장벽이 낮다. 블로그에 글을 쓰는 한 누구나 현역이다. 100살이어도 자판을 누를 수 있으면 누구나 글을 쓸 수 있다. 아니, 이제는 자판을 누르지 못해도 된다. 음성 입력 기능으로 말만 하면 블로그가 알아서 글을 써주기 때문이다. 이런 알짜 팁도 본문에 자세히 담았다.

1장에는 블로그에 글을 쓰면서 달라진 내 삶을 담았다. 2장에서는 글쓰기란 무엇인지, 글을 쓸 때 왜 나를 알아야 하는지에 대해 다루었다. 3장은 아마도 이 책에서 처음 보는 내용일 것이다. 블로그, 인스타그램, 유튜브, 팟캐스트의 주 언어와 자신에게 맞는 플랫폼 선택법을 알려준다. 인생은 언어로 경영된다. 언어의 역사와 원리, 사용법을 안다면 디지털 리터러시(literacy, 문해력)가 향상될 뿐 아니라, 새로운 플랫폼을 해석하는 안목을 갖출 수 있다. 4장과 5장에는 실전 블로그 글 쓰는 법을, 6장에는 클릭을 부르는 글쓰기 방법을 정리했다.

좋은 날을 하나씩 쌓아 좋은 인생을 만드는
아주 쉽고 간단한 방법

글을 읽기만 하는 사람과 쓸 줄 아는 사람의 세상은 다르다. 내가 쓴 글을 혼자 보고 마는 것이 아니라 블로그에 쓴다면 온라인 세상에 내 세계를 만드는 것이다. 온라인 활동을 두고 '온라인에 빌딩을 지어라'고들 하지만, 나는 빌딩은 너무 좁다고 생각한다. 블로그는 고작 건물 하나가 아니라 세계다. 나를 담은 세계. 만약 기업이라면 기업을 담은 세계가 될 것이다.

블로그에 기록한 세계가 나다울수록 독보적인 경쟁력을 가지게 된다. '나'라는 사람은 세상에 유일한 존재다. 나다움이 곧 '온리 원(only one)'이다. 블로고스피어(blogosphere)란 블로그(blog)와 블로거(blogger)의 세상을 말한다. 블로고스피어에 내 세계를 펼쳐놓길 바란다. 특별한 준비물도 필요 없다. 이미 가지고 있는 스마트폰 한 대만 있으면 된다. 키보드가 편하면 스마트폰에 만 원짜리 블루투스 키보드를 세팅하면 된다. 노트북이나 컴퓨터가 이미 있다면 그것도 좋다. 특별해서 기록하는 것이 아니라 기록하면 특별해진다. 블로그 글쓰기의 힘을 믿어보길 바란다.

당신의 콘텐츠 코치,

한혜진

4장 블로그 글쓰기 시작하기

5장 시작하는 블로그를 위한 글쓰기 10강

6장 잘 읽히고 잘 발견되는 글의 비밀

●

블로그를 하면
좋은 일이 생긴다

나를 찾아 다 쓰고 가라.

– 구본형[1]

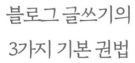

블로그 글쓰기의
3가지 기본 권법

좋은 일이 생긴다
- 사고 전환 권법

"블로그를 하면 좋은 일이 생길 거예요." 나는 여러분에게 이 말부터 해주고 싶다. 마음껏 만날 수 있는 상황이라면 두 손을 꼭 잡으면서 말해주고 싶다. 아마 "블로그로 돈을 벌어라" "블로그로 투잡해라" 식의 마케팅 구호는 자주 들어봤을 것이다. 최근 그런 광고가 더욱 흔해져서 보기 싫어도 볼 수밖에 없다. 하지만 무엇을 하기에 앞서 이득부터 따진다면 나는 세상살이가 너무 재미없을 것 같다. 이득이 없으면 가치가 없는 것인가? 돈을 못 벌면 해볼 만한 가치도 없는 것인가? 그렇지 않다. 인간에게는 이득이 없어도 하고 싶고, 하고 있는, 재미있고 흥미로운 일들이 가득하다. 다만 그것을 시도하고 유지하는 '신나는 용기'가 필요할 뿐이다. 더욱이 이득부터 따진다면 블로그의 지구력은 급속도로 약해진다. 오해는 없었으면 한다. 나는 돈을 금기시하는 사람은 아니다. 그저 현실을 이야기하고 있을 뿐이다. 블로그는 칭찬 스티커를 모으듯이 접근하면 지속하기가 쉽지 않다. 왜 그럴까?

수익형 블로그로 시작했다고 하더라도 단기간에 돈이 벌리지는 않기 때문이다. 네이버의 경우 애드포스트(adpost)라는 광고 매칭·수익 공유 서비스를 운영하고 있다. 애드포스트는 심사를 통해 승인을 받아야 한다. 공식적으로 발표된 합격 기준은 불명확하지만, 블로거들 사이에서 통용되는 기준은 블로그 개설 90일 이상, 누적 50건 이상의 글, 하루 방문자 100명 이상으로 알려져 있다. 애드포스트 서비스를 승인받았다고 치자. 광고가 붙어도 처음에는 천 원 단위로 과자값 정도 벌리는 것이 현실이다. 소위 인기 블로그가 되어야 협찬이나 광고가 들어오기 때문에 10만 원 이상의 '수익'이라 부를 만한 돈을 벌기까지는 꽤 오랜 시간이 걸린다. 수익이 없는 구간에도 계속 글을 쓰는 원동력은 과연 어디서 나온다는 말인가? '그래도 하다 보면 돈을 벌겠지' 하는 막연한 기대는 희망고문일 뿐이다. 야심 차게 시작했다가 유령 블로그가 되는 전형적인 수순이기도 하다. 블로그는 꾸준해야 한다. '블로그로 돈을 벌리려면 어떻게 해야 할지'보다 '블로그를 꾸준히 하려면 어떻게 해야 할지'를 먼저 고민하는 편이 낫다.

'돈'을 '좋은 일'로 바꿔보자. 끝을 장담하지 않고 이런 마음으로 블로그를 하면 결국 좋은 일이 생긴다. 좋은 일이라고 할 만한 드라마틱한 기회가 생기지 않더라도 블로그를 하는 자체가 좋은 일이다. 일례로, 이케아(IKEA)는 배송부터 조립까지 스스로 해야 하는 매우 귀찮은 방식의 가구를 판매하는데도 불구하고 큰 성공을 거두었다. 그 비밀이 무엇일까? 하버드대와 듀크대의 교수팀이 이를 연구한 결과 놀라운 사실이 밝혀졌다. 구매자가 스스로 가구를 조립하는 과정에서 자신의 존재감, 성취감, 자긍심을 맛보게 된다는 것이었다. 그래서 완성품에 높은 가치를 부여하게 된다고 한다. 완제품을 사는 것보다 이케아 가구를 더 매력적으로 느끼는 이유다.

블로그에도 같은 원리가 적용된다. 꾸미고, 기록하고, 다듬는 과정 자체가 한 사람에게 특별한 경험을 선사한다. 사람마다 블로그의 모습은 천차만별이다. 내가 내 블로그를 마음에 들어 하느냐가 가장 중요하다. 블로깅 자체를 매력적으로 느낄수록 꾸준히 할 수 있게 되고 결국 '좋은 일'이 생길 가능성을 높여준다. 사고 전환 권법은 느긋한 마음으로 꾸준하게 할 수 있는 지구력 권법이다. 오늘부터 마음속으로 외쳐보자. "블로그는 이미 나에게 좋은 일이야. 블로그를 하면 좋은 일이 생길 거야."

생각은 물, 글쓰기는 물을 떨어뜨리는 것
– 물방울 권법

어떤 일이 망설여지거나 어렵게 느껴
질수록 본질에 다가가야 한다. 블로그의 본질은 글쓰기다. 즉 블
로그는 텍스트를 기반으로 한 글쓰기 플랫폼이다. 그렇다면 글쓰
기는 왜 하는가? 이 물음에 자신만의 답을 하고 그것을 추구하면
된다. 선뜻 답하기 어렵다면 참고할 수 있는 자료를 주겠다. 미국
의 유명 작가이자 사업가인 팀 페리스(Tim Ferriss)는 약 3년간 세상
에서 가장 성공한 사람 200명을 인터뷰하는 팟캐스트 〈팀 페리
스 쇼〉를 진행했다. 그들의 성공 전략을 모아 61가지로 정리한 책
『타이탄의 도구들』은 메가 히트를 쳤다. 나는 이 책이 거뭇해질 정
도로 메모하고 포스트잇을 붙이며 정독했다. 여러 번 정독하면서
나는 성공한 타이탄의 공통점을 정리했다.

내가 발견한 타이탄의 공통점
- 글을 쓴다.
- 그냥 쓰는 것이 아니라 꾸준히 습관적으로 쓴다.
- 일상의 루틴이 있다. 일상이 단순하다.
- 하루 계획이 일정하고 철저하다. 따라서 시간을 알차게 쓴다.
- 자신만의 스트레스 해소법이 있다.
- 자신을 다룰 수 있다.
- 인생의 철학이 있다.

의외였다. 그들은 책을 읽고 글을 쓰고 명상을 했다. 이를 통해 강력한 의견과 침착한 태도를 추구할 수 있으며, 이는 성공을 앞당겨준다고 한다. 그리고 무엇을 하든 진짜 모습으로 하라고 한다. 당신의 진짜 모습으로 실패하거나 성공하라고 한다. 뭘 하든 진정한 모습이면 충분하다는 것이다. 글쓰기는 나다운 모습을 발견하고 만들어갈 수 있도록 도와준다.

타이탄의 글쓰기 법에서 가장 인상적이었던 것은 작가이자 상담가인 셰릴 스트레이드(Cheryl Strayed)의 방법이었다. 지금 머릿속 생각을 가볍게 종이 위에 떨어뜨리면 된다고 한다. 그녀가 글을 쓸 때 가장 중요하게 여기는 마인드셋이다. 타이탄의 글쓰기 비법 중에 '완벽하게 쓰라'거나 '잘 쓰라'는 말은 어디에도 없다. 이는 중국 명문가의 글쓰기 법과도 일맥상통한다. 중국 근대화의 아버지로 불리는 청나라 말기의 학자이자 정치가인 증국번(曾國藩)이 자녀들에게 쓴 편지에는 작문법에 대해 이렇게 실려 있다. "젊었을 때는 문장이 좀 틀리거나 못 썼다고 해서 부끄러울 것이 없으니 미친 듯이 진취적인 뜻을 가지고 덤벼들어야 할 것이다. 그 나이대에 시도해보지 못하면 그 뒤로는 영영 가망이 없다."[2] 명예와 체면을 중시하는 명문가에서도 이렇게 가르친다. 누구에게나 '내 글 구려병'이 있다. 허접한 글이어도 안 쓰는 것보다는 낫다. 물방울 권법은 글쓰기의 부담을 덜어줄 것이다.

글쓰기 연장을 잘 골라라
– 마법템 권법

　　　　　　블로그를 하기 전에 나는 세상의 이야기를 가공해서 영상으로 만드는 글쓰기로 밥벌이를 하던 사람이었다. 세상이 아닌 내면의 글쓰기를 시작한 것은 인생에 고비가 찾아왔을 때였다. (뒷장에서 자세히 이야기하겠다.) 그때 도움이 되었던 책이 있다. 나탈리 골드버그(Natalie Goldberg)의 『뼛속까지 내려가서 써라』다. 내면을 발견하는 글쓰기를 하고 싶다면 꼭 읽어보길 바란다. 1986년 발간된 후로 40년 가까이 글쓰기의 바이블로 사랑받는 책이다. 그녀는 글쓰기는 정신적이면서 동시에 육체적인 작업이기에 도구와 장비에 많은 영향을 받는다며 글쓰기를 위한 연장을 신중하게 선택하라고 말한다. 못을 박을 때 스펀지를 사용하면 박힐 리가 없다. 글쓰기도 마찬가지다. 내 글을 적재적소에 효과적으로 담을 연장을 잘 선택해야 한다. 글쓰기 연장은 효율적이고 편리해야 한다. 종이와 만년필일까? 화이트보드일까? 다이어리일까?

　　디지털 시대에 가장 적합한 글쓰기 연장, 나는 블로그밖에 떠오르지 않는다. 앞서 글쓰기는 내 생각을 종이에 가볍게 떨어뜨리는 것이라고 했다. 디지털 시대의 종이와 펜이라면 단연 스마트폰 아닐까? 스마트폰에는 종이 기능과 펜 기능이 모두 있다. 그렇다면 스마트폰을 켜고 어디에 내 생각을 똑 떨어뜨릴 것인가. 글쓰기 앱, 카카오톡, 인스타그램 등 무수한 디지털 종이가 있지만, 최종적으로 완결된 글을 쓰기에는 블로그가 최적이다. 글자만 쓰는 것이 아니라 사진과 동영상을 추가해서 보다 입체적이고 전달력 높은 글쓰기가 가능하다. 글을 써서 발행만 했을 뿐인데 내 글이 무료로 세상에 배포된다. 세상에 내 글을 배포하려면 막대한 자본과 시간이 들었던 옛날에는 상상도 못 했던 일이다. 그렇게 배포된 내 글에 도움을 받거나 호응을 하는 사람들과 소통을 할 수도 있다. 이들은 내 글의 온라인 독자로서 기꺼이 피드백을 준다. 내 글의 호응도와 완성도를 즉시 알 수 있기 때문에 글쓰기 실력도 향상된다. 이 또한 옛날에는 상상할 수도 없었던 일이다. 글쓴이와 독자가 소통하려면 특별한 이벤트를 만들어야 했기 때문이다.

당신이라면 디지털 시대의 글쓰기 연장을 무엇으로 선택하겠는가? 더 적합한 도구가 있다면 그것으로 시작해도 된다. 허나 단언컨대 블로그가 글쓰기에 최적화된 연장이다. 마법템 권법은 '블로그는 글쓰기에 최적화된 마법템'이라는 확신을 줄 것이다.

블로그와의
첫 만남

나도 내가 블로그를
하게 될 줄은 몰랐다

이제 내가 어떻게 블로그에 덤벼들었는지 이야기하겠다. 숨기고 싶을 정도로 비참한 이야기도 있지만 용기를 내보려고 한다. 무슨 일이든 강력한 동기 부여가 중요하니까. 나는 주변에서 이런 질문을 자주 받는다. "미세스찐(나의 필명)님은 원래 타고난 글솜씨가 좋은가 봐요. 저는 글을 못 써서 안 될 것 같아요." 허나 내가 어떻게 블로그를 시작했는지, 어떤 삶을 살아왔는지 이야기해주면 이내 자신도 해보겠다고 용기를 얻는다.

나는 단지 죽을 만큼 힘든 순간에 블로그를 만났을 뿐이다. 삶이 무의미하던 시절, 글쓰기가 나를 구해주었다. 덕분에 "행복의 한 쪽 문이 닫히면 다른 쪽 문이 열린다"라는 헬렌 켈러(Helen Keller)의 말을 믿게 되었다. 그 시절을 잠시 이야기하겠다.

누구에게나 숨 막히는
인생의 고비가 있다

나는 자존감을 기르기 어려운 가정환경에서 자랐다. 자존감이 낮고 감정이 굳어 있다고 해서 사는 게 어려운 것만은 아니다. 나는 그런대로 세상에 적응하면서 살았다. 언제 어디에서나 튀지 않고 묻히지도 않는 중간 정도의 삶을 유지했다. 살아지는 대로 살면 되겠지 하면서 그럭저럭 살았다. 그런데 어느 순간, 해결되지 않은 인생의 질문들이 쏟아져 나왔다. 바로 내가 부모가 된 것이다. 인간이 새로운 인간을 배 속에 열 달이나 품고 있다는 것은 가히 신비로운 경험이다. 드디어 아기를 만나는 날, 그토록 보고 싶던 아기를 처음으로 직접 만지고 안아보았다. 무척 예뻤다. 아기를 낳으면 3~5일 정도 입원을 한다. 밤에 아기 젖을 먹이러 수유실에 가서 그 작은 모습을 눈에 담다가 아침 해를 보고 병실에 돌아올 정도였다.

하지만 아기를 키운다는 것은 매번 기쁜 일만 있는 것은 아니었다. 나도 모르게 울컥하기도 하고 감정이 널을 뛰는 날이 반복

되었다. 나중에야 안 사실이지만, 이것을 초감정(meta-emotion)이라고 한다. 초감정은 '감정에 대한 감정'이다. 예를 들면 이런 것이다. 나는 아기를 키우면서 아기가 사랑스러웠다. '사랑스럽다'는 감정을 느낄 때마다 왠지 모르게 울분이 올라왔다. 사랑스러운데 화가 난다? 미친 것 아닌가? 정상이 아니었다. 이것이 바로 초감정이다.

| 감정과 초감정 |

감정(emotion)	초감정(meta-emotion)
[사랑] 아기가 사랑스럽다.	[울분] 그냥 낳기만 해도 이렇게 사랑스러운데 왜 내 부모님은 나를 사랑해주지 않았지?

누구에게나 초감정이 있다. 초감정은 나도 모르는 사이에 내 삶에 영향을 준다. 특히 나처럼 감정을 억압하며 살던 사람은 초감정을 알아차리기가 어렵다고 한다. 당시에는 이런 심리학적 요인이나 육아의 속성을 전혀 알지 못했다. 참담한 기분만 들 뿐이었다. 부모가 되고 나서야 인간 한혜진의 민낯을 봤다. 적응하며 산 게 아니라 참고 산 것이었고, 어려움 없이 산 게 아니라 어려움이 없는 척하며 살았던 것이다. 단단한 초록 껍질 속에 여리고 빨간 속살이 들어 있는 수박처럼 나는 겉과 속이 다르게 살아왔다. 빨간 속마음을 보여주면 아무도 나를 좋아하지 않을까봐 초록 줄

무늬로만 살았다. 이런 내가 좋은 부모가 될 수 있을까? 점점 자신이 없어졌다.

당시 또 하나의 고민이 있었다. 커리어가 중단된 점이다. 임신 때 유산 위기가 있었다. 아기를 지키기 위해 휴직을 했는데, 그것이 실직으로 이어질 줄은 몰랐다. 방송작가는 나의 꿈이었다. 가까스로 꿈을 이뤘지만 엄마가 되고 나서는 뭔가 핸디캡을 안고 살아가는 기분이 들었다. 커리어를 이어 가고 싶어도 여건을 맞추기가 어려웠다. 내가 돈도 못 버는 가치 없는 사람처럼 느껴졌다. 세상은 다채로운데 나만 흑백인 기분이었다. 그렇게 2년을 내적 고통과 싸우며 지냈다.

풍선에 공기를 끝도 없이 넣으면 결국 터져버리는 것처럼, 내 안의 상념들도 터져버리는 순간이 왔다. 이유를 알 수 없는 피로감, 무기력, 급격한 체중 감소 등 건강에 이상 신호가 나타났다. 다양한 분야의 병원에 갔다. 정밀검사 결과, 2가지 병을 얻었다. 하나는 마음의 병인 우울증, 다른 하나는 몸의 병인 갑상선 기능 항진증이었다. 갑상선 기능 항진증이란, 우리 몸의 대사량을 조절하는 역할을 하는 갑상선 호르몬이 비정상적으로 너무 많이 나와서 에너지 소모가 과도하게 늘어나는 질환이다. 과로와 스트레스로 생기는 병이다. 아무리 쉬어도 피곤하고, 신경이 곤두서며, 가만히 앉아 있어도 땀이 흐르고, 피부가 가렵고, 심장박동은 마치 100미터 달리기를 하는 듯 요동친다. 이 병은 완치가 없다. 지속적으로 재발하기 때문이다. 의사는 나에게 일단 한 달간 약을 복용하되, 평생 먹을 수도 있다는 걸 알고 있으라고 당부했다. 그렇게 나는 몸도 마음도 고장 난 사람이 되어버렸다. 대체 어쩌다 이렇게 되었을까. 순간적으로 설움이 복받쳤다. 나는 불붙인 다이너마이트처럼 곧 폭발할 것 같았다. 어디에 호소해야 이 답답함을 풀 수 있을까, 도대체 어디에!

내 마음의 정리 전문가, 블로그를 만나다

희한하게도 번뜩 블로그가 떠올랐다. 당시에 수년간 내버려둔 블로그가 있었다. 이웃도 없고 나만 아는 그 공간이 나에게는 비밀스러운 일기장처럼 느껴졌다. 그간 가슴속에 묻어두었던 이야기를 쏟아냈다. 얼마나 서러웠는지 글을 쓰면서 눈물이 쏟아졌다. 곁에서 누군가 귀를 기울여 내 말을 들어주는 것 같았다. 소리를 지르든, 요점 없이 주저리주저리 떠들든 개의치 않고 가만히 들어주었다. 표현력이 부족해도, 맞춤법이 틀려도, 문장력이 형편없어도 경청하고 수용해주었다. 이야기를 쏟아내는 자체가 위로이며 치유였다. 하아, 이렇게 시원할 수가. 속이 뻥 뚫리는 기분이 들었다. 엉망진창이었던 내 마음을 싹 쓸어 대청소한 기분이었다. 그 후련함에 매료되어 나는 마음이 불편할 때마다 블로그에 글을 썼다.

혹시 날 잡아서 옷 정리를 해본 적이 있는가? 여자들이 흔히 하는 말 중에 "입을 옷이 없다"가 있다. 나도 자주 하는 대사다. 그런 날은 옷 정리를 해본다. 옷이 없는 줄 알았는데 생각보다 많다는 걸 알게 된다. 운 좋은 날에는 잊고 있던 히든 아이템을 발견하기도 한다. 정리를 해야 하는 이유다. 마음도 그렇다. 블로그에 글을 쓰며 마음 정리를 할 수 있었고, 정리를 통해 의외로 마음이 괜찮다는 걸 알게 되었다. 나의 성장과정과 부모님에 대한 이해도 할 수 있었다. 하루아침에 그렇게 된 것은 아니었다. 몇 년이 걸렸다. 차근차근 마음을 알아가며 내 안의 재산을 발견하니 문득 성장하고 싶어졌다. 성숙한 부모가 되고 싶었다. 아이를 키우면서 궁금하거나 어려운 점이 생기면 블로그에 글을 쓰면서 공부했다. 내 삶을 관찰하고, 공부하고, 기록했다. 생각이 많은 나에게 블로그는 천생연분이었다. 블로그 글쓰기는 내 마음을 보살펴주고 '나'라는 사람이 성장하도록 도와주었다. 그 매력에 빠져 산 지 7년, 내 인생은 180도 바뀌었다.

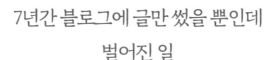

7년간 블로그에 글만 썼을 뿐인데
벌어진 일

7년간 얻은
6개의 직업

　　나는 마음 돌봄과 자기 성장을 위해 꾸준히 블로그에 글을 썼다. 이것이 나의 내적 동기였다. 강력한 내적 동기가 있다면 흔들리지 않는다. 누가 뜯어말려도 꾸준히 하게 된다. 그래서 나는 '자신만의 내적 동기'와 '소처럼 꾸준히' 하는 태도를 강조한다. 수강자들 사이에서 "소처럼 꾸준히"가 유행어가 될 정도다. 그러다 내 의지와 에너지와 타이밍이 절묘하게 맞을 때가 오면 커리어를 만들 수 있다. 내가 블로그를 통해 얻은 직업은 크게 다음 6가지다.

- 블로거·인플루언서
- 저자
- 강사
- 컨설턴트
- 칼럼니스트
- 커뮤니티 운영자

정말 블로그 글쓰기만으로 이 직업을 다 얻었다고? 믿기 어렵겠지만 사실이다. 이런 경험을 한 사람은 나뿐만이 아니다. 네이버 블로거만 하더라도 수두룩하니까. 어떻게 이런 결과가 가능한지 내 블로그 인생을 도식화해 설명하겠다.

블로그 글쓰기는
어떻게 커리어가 되는가

성인이 된 후, 대학생 때부터 현재까지 나의 커리어 역사를 그려보자면 다음과 같다.

학창 시절부터 나는 방송작가가 꿈이었다. 신기한 점은, 꿈도 아니었고 그저 현실에 맞춰서 하게 된 텔레마게디와 웹디자이너가 방송작가라는 직업에 꽤 유용한 기술을 제공해주었다는 것이

국어국문학과 졸업	① 텔레마케터	② 웹디자이너	③ 방송작가	④ 결혼·임신 후 전업주부
4년	1년	1년	12년	N년

다. 텔레마케터의 영업 경험은 섭외나 취재를 할 때 요긴했다. 웹
디자이너 경험은 인터넷을 통해 자료 조사를 할 때나 문서 작성,
소품 제작에 유용했다. 뜻밖의 이득이었다. 내가 일했던 직업들의
능력이 누적되어 방송작가일 때 '만능작가'라는 소리를 들을 줄은
전혀 몰랐다.

　배움에는 귀천이 없다. 배움의 재미가 쌓이면 언젠가 그 배움
들이 상호작용을 해서 새로운 시너지를 발휘할 수 있다. 직업 현장
에서 배워보려고 노력한 덕분에 뜻밖의 시너지 효과를 얻을 수 있
었다. 『부자의 말센스』 저자 김주하 한국비즈니스협회 대표가 횟
집 아르바이트 경험에서 마케팅을 배웠다는 말을 했을 때 큰 공감
을 했다. 스티브 잡스가 매킨토시를 만들게 된 발상은 젊은 시절
재미로 배웠던 캘리그래피 수업이었다는 것도 이를 뒷받침한다.

| 경험의 시너지 효과 |

순작용 / 직업능력 상승

| 국어국문학과 | 텔레마케터 | 웹디자이너 | 방송작가 | 결혼·임신 후
전업주부 |

블로그를 통한 커리어 획득의 원리도 이와 비슷하다. 블로그에 글을 쓰는 것이 재미있었다. 삶의 낙이었다. 허나 재미로만 하기에는 한 가지 문제가 있었다. 쓸거리, 즉 글감을 찾아야 했다. 뭔가를 쓰려면 거기에 쓸 내용이 있어야 한다. 나는 주로 다음 4가지 글감을 썼다.

- 행한 것
- 생각한 것
- 보고 들은 것
- 궁금한 것

글감을 정하면 이미 내 머릿속에 있는 지식으로만 쓰지 않고 자료 조사를 했다. 내가 가진 지식이 빈약하거나 부정확한 정보일 수 있기 때문이다. 최신 정보가 아닐 수도 있고, 내가 모르는 새로운 정보가 있을지도 모를 일이다. 글이 안 써질 때는 내 머릿속에 정보가 얼마나 들어 있는지 확인해야 한다. 사람은 자신이 알고 있는 만큼만 쓸 수 있다. 일기장이었던 블로그가 전문성을 갖추게 된 계기가 바로 이 과정 덕분이었다.

글감을 찾고 포스팅하는 4단계
1. 생활 속에서 늘 안테나를 세우고 쓸거리를 탐색한다.
2. 쓸거리를 정하면 그것에 대해 경험하거나 조사·공부한다.

3. 경험치나 조사·공부가 흡족하게 마무리되면 사진 및 자료를 모아서 포스팅(posting, 블로그에 글을 게시하는 것)한다.

4. 포스팅을 해보고 마음에 들면 발행하고, 내가 읽어서 마음에 들지 않으면 더 보충할 경험·조사·공부를 더 한 다음 재가공해 쓰고 발행한다.

이렇게 글감을 공부하고 나만의 시각으로 글쓰기를 반복하다 보니 보다 전문적인 글쓰기가 가능해졌다. 그런 글은 주로 네이버 포스트(post.naver.com)에 연재했다. 네이버 포스트는 칼럼처럼 전문성 있는 글을 연재하는 플랫폼이다. 처음에는 제품 리뷰나 육아 경험담 같은 작은 글감으로 글을 쓰다가, 이런 경험이 쌓이고 쌓이면서 점차 전문적인 글을 쓰게 되었다. 방구석에서 습득한 지식이 아니라 경험·조사·공부를 통한 입체적인 지식이다. 입체적인 지식이 모이면 나만의 콘텐츠가 된다. 이런 과정이 1년, 2년이 지나자 새로운 단계에 접어들었다. 큰 틀에서 자기 성장의 점프를 하게 된 것이다. 블로그가 콘텐츠가 되고, 결국 자기 성장이 되는 원리를 도식화하면 오른쪽과 같다.

이러한 선순환의 원리로 지금까지 총 6가지의 직업을 가지게 되었다.

1. 블로거·인플루언서: 블로거 자체가 직업이 된다. 독자들에게 영향력을 미치기 때문에 인플루언서라는 직업도 얻었다.

| 블로그의 자기 성장 원리 |

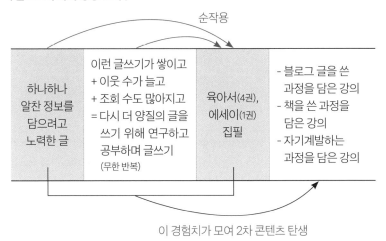

2. **저자:** 통일성 있고 전문적인 글이 100개 이상 쌓였을 때부터 출간 제
   안을 받았고, 지금은 이 책을 포함해 총 6권을 출간했다.

3. **강사:** 육아, 글쓰기, 퍼스널 브랜딩, 동기 부여 등을 주제로 문화센
   터, 정부기관, 온라인 등에서 강의를 한다.

4. **컨설턴트:** 3번의 활동을 온·오프라인에서 일대일로 컨설팅을 한다.

5. **칼럼니스트:** 블로그와 책을 보고 다양한 매체에서 원고 청탁을 받
   아 기고한다.

6. **커뮤니티 운영자:** 블로그는 '나'와 다수의 소통이다. 이웃들끼리 다
   중 소통을 할 방법을 모색하다가 네이버 카페를 개설했다. 블로그
   는 내가 글만 쓰면 되지만, 카페는 작은 사회이고 내가 주인공이 아
   니라 참여자들이 주인공이 되어야 한다. 이는 경영자에 가까운 직
   업이다.

| 일상의 소재를 마스터해서 글쓰기 | 쌓이고 쌓인 지식덩어리 | 삶의 일부분에서 전문가 수준으로 지식 구축 |

육아 일상의 작은 소재
- 기저귀 가는 법
- 아기띠 하는 법
- 아기 재우는 법
- 분유 타는 법
- 어린이집/유치원
  선택법

지식판의 형성
- 신생아 육아 지식판
- 영유아 육아 지식판
- 초등 저학년 양육 지식판

지식판이 증가하면서 전문가에 버금가는 수준으로 발전
- 관련 지식을 활용해 칼럼을 쓰거나 출간, 강연을 할 정도의 수준으로 발전

이 거대한 자기 성장의 메커니즘은 어떤 분야에도 통한다. 특히 블로그를 통해 커리어를 만들거나 파이프라인(pipeline)을 만들고 싶은 사람은 위의 도식을 기억하길 바란다. 나는 이것을 '블로그 글쓰기를 통한 자기 성장 지도'라고 부른다.

이렇게 발전하려면 필수조건은 3가지다.

블로그로 커리어를 만드는 3가지 조건

1. 재미: 순수한 재미로 몰입할 것

2. 연구와 공부: 지식판이 형성될 때까지 직간접 경험과 공부를 쌓을 것

3. 단기간이 아닌 긴 시간: 지식판을 많이 만들 수 있도록 충분한 기간 동안 숙련할 것

재미가 없으면 오래가지 못하고, 연구와 공부를 하지 않으면 전문가 수준으로 발전하기 어렵다. 시간만 들인다고 전문가가 되지는 않기 때문이다. 재미를 느껴서 시작은 했지만, 연구와 공부를 하지 않거나 빨리 그만두어 커리어를 못 만드는 사람을 많이 보았다. 연구와 공부는 충분히 하고 있지만 재미를 못 느껴서 아깝게 손을 놓는 경우도 보았다. 재미는 내적 동기이고, 연구와 공부는 전문가로 가기 위한 필수 과정이다. 숙련하고 지식을 쌓을 시간이 필요하기 때문에 충분한 기간을 가져야 한다. 충분한 기간은 사람마다 다르지만 나는 보통 최소 1년이라고 말한다. 적어도 사계절의 사이클 동안 관심 분야의 글쓰기를 해봐야 한다.

　글이 쌓이면 콘텐츠가 되고, 콘텐츠가 쌓이면 커리어가 된다. 블로그 글쓰기를 통해서 커리어를 만들어보길 바란다. 자신이 원한다면 말이다. 내 주변만 봐도 능력도 충분하고 열정적인데도 중도 포기하거나, 자기가 하는 일을 하찮게 여기는 사람이 있다. 자기가 가진 것에 의문이 들수록 글쓰기를 해야 한다. 자기가 가진 걸 보게 되는 것이 글쓰기이기 때문이다. 휘말려 있을 때는 안 보이던 것이 글을 쓰면 선명하게 보인다.

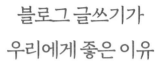

블로그 글쓰기가
우리에게 좋은 이유

블로그는 나에게
목소리를 준다

"난 글을 안 쓰면 아무것도 아니다. 글을 안 쓰면 흘러가는 대로 시간을 보내다 건달이 될 것 같다."[3] 작가이자 방송인인 허지웅이 한 인터뷰에서 한 말이다. 나는 이렇게 응용하고 싶다. "나는 글을 안 쓰면 인어공주처럼 목소리가 사라질 것 같다." 나에게 블로그는 '70억 지구인 중에 저도 살고 있는데요?!'라고 손을 드는 것과 같다. 발표하려고 손 드는 것이 아니라, 내가 여기서 살아 숨 쉰다고 생존을 알리는 손 들기다.

1장 초반에 언급한 내 상황을 다시 떠올려보자. 몸도 마음도 고장 난 무직자. 아무도 나에게 "넌 쓸모없는 무직 아줌마야"라고 말한 적은 없지만, 스스로 그렇게 느끼며 우울해하고 있었다. 그때 내가 만약 블로그를 하지 않았다면 지금 나는 어떻게 살고 있을까? 미래는 단언할 수 없기에 함부로 말할 수 없지만, 적어도 지금처럼 살고 있진 않을 것이다. 왜냐하면 나 자신이 "나는 이런 사람입니다. 나는 이렇게 살고 있습니다"라고 말하지 않기 때문이다.

내가 내 입으로 말하지 않는 이상 누구도 내가 어떤 사람인지 알기 어렵다. 외형만 보고 내가 방송작가 출신이며 꿈에 대한 열정이 있는지 누가 알겠는가? 블로그는 개인에게 목소리를 준다. 가만히 있으면 아무도 모를 나에게 목소리 파워를 준다. 덕분에 내 이름이 사라지지 않는다. 남들이 나를 불명확하게 인지하려고 할 때 명확하게 "나는 이런 사람이야"라고 말하는 게 블로그다. 블로그를 하면서 이 메커니즘을 이해하게 되었고, 그때부터 나를 선명하게 전달하기 위해 더 섬세하게 글을 쓰게 되었다. 그렇게 블로그에 나의 목소리가 쌓였다.

경험과 기억의
질이 높아진다

블로그를 하기 전에는 사진 몇 장과 소소한 기억에 의지해 지난 경험을 추억했지만, 블로그에 글을 쓰면서부터는 사고 과정이 달라졌다. 여행 준비부터 귀가까지, 내 경험 하나하나가 의미 있는 순간으로 변했다. 이 경험을 어떻게 글로 담을지를 미리 떠올리면서 이야기를 만들려는 두뇌 회로가 작동하기 때문이다. 제주도 여름휴가 가방 싸는 법, 제주도 항공권 저렴하게 예매하는 법, 제주도 비행기 맨 앞줄 지정 좌석 예매하기, 제주도 3대 고기국수 맛집 추천, 스노클링 하기 좋은 제주도 명소, 제주도 돌고래 투어 체험기 등 내 눈과 발이 닿는 모든 곳이 이야깃거리다.

그렇게 여행을 다녀와서 글을 쓴다고 치자. 그리고 1년, 또 2년이 지난다고 쳐보자. 예전에 적은 글을 내가 독자의 입장으로 볼 수 있다. 그때 기억이 새록새록 떠오른다. 나의 살아 있는 글과 함께. 더할 나위 없이 생생한 기억이 되살아난다. 의미를 부여해 썼기 때문에 촘촘한 이야기로 기억이 복기된다. 과거의 내가 현재의 나에게 들려주는 다정한 속삭임이다. 동영상으로 여행기를 통째로 촬영해도 당시의 감정, 느낌, 생각, 촉감까지는 담을 수 없다. 글쓰기는 이 모든 것을 담아 미래로 실어 나를 수 있는 인생 타임캡슐이다.

나를 발견하고
만들어갈 수 있다

자기 자신을 믿는 것이 인생에서 얼마나 중요한지 글을 쓰며 알았다. 내 삶을 스스로 빚을 수 있다는 용기를 얻었다. 이것은 나에게 엄청난 변화다. 예전에는 사는 대로 생각하던 사람이었다면 이제는 생각하는 대로 사는 사람에 가까워졌다. 여전히 진행형이므로 결론인 것처럼 말할 수는 없다. 앞으로의 인생이 길기 때문이다. 블로그를 하면서 능동적이며 긍정적인 삶의 태도를 유지하는 것이 꿈이다.

　당신은 살면서 내 마음대로 원 없이 무언가를 해본 적이 있는가? 나는 없었다. 블로그를 하기 전에는. 블로그를 하고 나서야 비로소 내가 원하는 것을 내 마음대로 마음껏 해볼 수 있게 되었다. 블로그 글쓰기를 통해 자기이해지능이 생겼고, 비로소 내 삶을 주도적으로 살 수 있게 되었다. 어느 책에 내가 좋아하는 구절이 있다. 내가 가장 존중해야 할 사람은 언제나 나 자신이며, 약간의 '근자감(근거 없는 자신감)'과 어느 정도의 '개쌍마이웨이(누가 뭐라고 해도 내 갈 길 간다는 마인드)' 정신이 필요하다는 것. 자아존중감, 자신감, 자기신념을 바탕으로 하루하루 기록한 글쓰기로 자연스럽게 나만의 콘텐츠가 만들어졌다. 인생의 25%는 나를 발견하는 데 쓰고 나머지 75%는 나를 만들어가는 데 쓰라는 말이 있다. 블로그는 나를 발견하고 나를 만들어가는 가장 손쉽고 확실한 방법이다.

평생 써먹을
생업관이 생긴다

　　　　　　블로그를 통해 달라진 점은 또 있다.

직업관이 바뀌었다. 나는 40년 가까이 '꿈은 직업'이라 여기며 살았다. 그래서 꿈을 이룬 상태에서 실직했더니 2가지 상실이 동시에 찾아왔다. 직업과 꿈을 동시에 잃은 것이다. 꿈을 이루면 뭐하겠는가. 회사에 나가지 않으면 일을 할 수가 없는데. 내 직업은 회사를 통해서만 능력을 발휘할 수 있다는 걸 실직하고 나서야 깨달았다. 하지만 블로그를 통해 직업관이 달라졌다. 사람은 다양한 직업을 가질 수 있으며, 직장에 나가지 않는다고 해서 직업이 없는 것은 아니다. 또한 꿈은 직업이 아니다. 꿈은 내가 품은 인생의 가치를 어떻게 실현하는가에 달려 있다. 인간에게 직업관은 중요하다. 왜냐하면 일은 시간의 관점에서 봤을 때, 내 시간의 3분의 1을 파는 것이기 때문이다. 자는 시간을 제외하면 우리는 깨어 있는 모든 시간을 '직업이라 불리는 일'에 팔고 있다.[4] 결국 어떤 직업을 선택하고 어떻게 직업 활동을 하는가가 내 삶을 크게 좌우한다.

앞으로 직장의 개념이 사라지고 수명은 100세를 넘어 200세까지 다다르는 시대가 온다고 한다. 직업을 넘어 자급자족이 가능한 생활력, 즉 생업(生業)이 필요하다. 그런 면에서 베스트셀러 작가 말콤 글래드웰(Malcolm Gladwell)의 말은 우리에게 시사하는 바가 크다. "당신이 낮에 들은 것, 경험한 것, 생각한 것, 계획한 것, 뭔가 실행에 옮긴 것들 가운데 새벽 1시가 됐는데도 여전히 이야기하고 싶어 입이 근질거리는 것이 있는가? 그것이 곧 당신에게 엄청난 성공을 안겨줄 것이다."[5] 만약 이런 것이 있다면 블로그에서 시작해보길 바란다. 나도 이야기하고 싶어 입이 근질거리는 것을 블로그에 담으면서 커리어가 생기고 인생이 바뀌었기 때문이다.

블로그는
클라우드 라이브러리다

클라우드(cloud)에 자료를 저장해놓고 사용해본 적이 있을 것이다. 나도 클라우드를 애용한다. 클라우드가 내 자료를 폴더에 담아 정리한 자료 보관소라면, 블로그는 자료에 스토리텔링을 곁들인 나만의 정보 보관소다. 이런 의미로 내가 블로그에 지어준 별명이 있다. 바로 나만의 이동식 도서관, '클라우드 라이브러리(cloud library)'다. 나는 일기만 적은 것이 아니라 도서관으로도 사용했다. 내 고민에 힌트가 될 만한 정보나 두고두고 보고 싶은 정보가 있으면 블로그에 스크랩했다. 블로그는 언제 어디서든 접속할 수 있기 때문에 내가 필요할 때마다 정보를 확인하는 데 요긴했다. 내가 어딜 가든 해와 달이 따라다니는 것처럼, 블로그는 나를 계속 따라다니면서 도와주는 지식 매니저다. 특히 책을 쓰거나 방송 대본을 쓸 때 고맙다. 나는 수십 권의 책과 자료를 책상 위에 펼쳐놓고 글을 쓸 때가 많다. 집에서 집중이 안 되면 카페나 도서관을 이용하는데 그럴 때마다 이 많은 자료를 들고 다닐 수는 없는 노릇이다.

어니스트 헤밍웨이(Ernest Hemingway)는 도서 트렁크라는 커다란 가방에 책 수십 권과 타자기까지 담아 들고 다니며 글을 썼다고 한다. 루이비통이 맞춤 제작했다는 이 가방은 멋있기는 하지만, 실제로 어떻게 들고 다녔을지 상상이 안 갈 만큼 크고 육중하다. 고맙게도 나는 이런 고민을 할 필요가 없다. 명품 가방에 돈을 쓰지 않아도, 무거운 가방을 끌고 다니지 않아도 된다. 블로그가 있으니까. 헤밍웨이가 이 광경을 본다면 뭐라고 말했을까? "내가 이 시대에 태어났다면 『노인과 바다』 같은 작품을 100권도 더 썼을 텐데!"

블로그는
책이 된다

블로그를 시작한 지 1년 반이 되던 시점부터 낯선 쪽지와 이메일이 오기 시작했다. 한 달 만에 대여섯 군데 출판사에서 연락이 왔다. 그들은 내 콘텐츠가 흥미롭다고 했다. 나는 그들의 연락이 흥미로웠다. 출간을 위해서라기보다는 이 궁금증을 풀고 싶어서 출판사 편집자와 만났다. 놀랍게도 1명을 제외한 3명은 내 글의 독자였다. 어린아이를 키우는 부모로서 내 글에 도움을 받았다고 했다. 책으로 만들면 더 많은 사람이 도움을 받을 수 있을 거라며 적극적으로 출간 제안을 했다. 사실 내 이름을 건 책을 내는 것은 평생의 꿈이었다. 하지만 '내 꿈은 달나라 여행'처럼 실제로 이뤄질 거라고 생각한 적은 별로 없다. 드라마에서나 가능할 것 같던 꿈이 이런 방식으로, 이렇게 빨리 이루어질 줄이야.

그해 가을, 첫 책『극한육아 상담소』가 출간되었다. 서점에 진열된 내 책을 보고 모공 하나하나까지 소름 돋았던 기억이 난다. 영화를 보면 꿈인지 생시인지 볼을 꼬집는 장면이 나온다. 내가 실제로 영화에서처럼 그 행동을 하게 될 줄은 몰랐다. 볼을 꼬집고 책을 보기를 몇 번이나 반복했는지. 블로그가 아니었다면 혼자 기획하고 혼자 집필한 내 글을 불특정 다수에게 선보일 기회가 있었을까? 그 글을 편집자가 보고 출간 제안을 하는 일이 있었을까? 블로그는 꿈으로 가는 시간을 단축해주었다. 인생은 기회와 확률 게임이다. 블로그는 2가지를 모두 높여준다.

블로그 실습

블로그의 좋은 점은 무엇이라고 생각하는가?

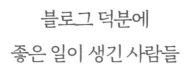

블로그 덕분에
좋은 일이 생긴 사람들

블로그 글쓰기로 좋은 일이 생긴 사람들은 많다. 너무 많아서 셀수가 없지만, 내가 마음에 새겨둔 4가지 사례를 들고자 한다.

이야기 하나,
블로그 덕분에 승진하다

문소영 기자는 15년째 블로그를 운영하고 있다(blog.naver.com/goldsunriver). 네이버에서 주최한 행사에서 이분의 강연을 들었는데 심장이 두근거렸다. 블로그의 거대한 가능성을 재확인한 순간이었다. 문소영 기자는 서울대학교 경제학과를 졸업하고 코리아중앙데일리 경제부 기자로 재직했다. 코리아중앙데일리는 중앙일보사에서 발간하는 영어신문이다. 그녀에게는 전공·직업과 무관한 관심사가 하나 더 있었다. 바로 그림을 좋아했다. 그림이라는 관심사를 풀고 싶어서 미술 블로그를 시작했다. 블로그 활동이 정말 재밌었다고 한다.

그 후에 놀라운 일이 벌어졌다. 그녀는 경제부 기자라는 커리어만 있는 상태였다. 그런데 회사에서 문화부 기자로 발령을 했을 뿐만 아니라 문화부장으로 승진까지 했다. 문소영 기자의 미술 블로그를 커리어로 인정한 것이다. 이후 자신의 관심사인 그림과 전문 분야인 경제학을 아우른 『그림 속 경제학』을 출간했고 책은 인기리에 팔렸다. 새로운 직업도 추가되었다. 미술대학 겸임 교수로 교단에 선 것이다. 그녀는 여전히 블로그에 글을 쓰고 있다.

이야기 둘,
덕업일치, 취미에서 사업이 되다

'된다'라는 닉네임으로 활동 중인 정나영 님이다(blog.naver.com/bonobim). 그녀는 시각디자인과를 졸업하고 패션회사에서 그래픽 디자이너로 일하다가 퇴사했다. 30대가 되기 전 마지막 1년만큼은 해보고 싶은 걸 마음껏 해보기로 했다. 제빵과 캘리그래피도 배우고 여행도 다녔다. 닥치는 대로 실험하고 도전한 1년을 기록하고 싶어서 블로그를 시작했다. 뭐든지 잘 되길 바라는 마음에서 직관적으로 '된다'라는 닉네임을 지었다. 당시에 또 다른 취미가 있었는데 바로 화장품을 사 모으는 것이었다. 이왕 사는 거 리뷰나 해보자 싶어서 '솔직한 미용 만화'를 그렸다. 주인공은 자기를 닮은 똥머리와 주로 입는 스트라이프 옷을 입힌 캐릭터로 만들었다. 솔직한 후기를 위해서 협찬은 일절 받지 않았다. 8년이 지난 지금 그녀는 자신만의 뷰티 브랜드를 출시했고, 그녀가 만든 애니메이션 〈된다! 뭐든!〉은 TV에서 방영되고 있다.

이야기 셋,
기록이 모여 사업가가 되다

'꿈도미' 방세현 님은 중학교 2학년 때부터 곤충 블로그를 운영했다(blog.naver.com/shsy4919). 취미 블로그로 시작해 점차 활동을 확장해온 역사가 흥미롭다. 처음에는 왕사슴벌레 사육일기를 썼다. 곤충 종류는 7~9가지 정도였지만 점차 늘어났다. 무료 분양 이벤트도 열었다. 곤충 사육에 관심 있는 사람들을 위한 곤충 카페를 개설했다. 2019년에는 꿈도미 유튜브 채널을 시작했다. 블로그를 보면 수능, 대학 진학, 군 입대 등 한 사람의 인생 여정이 그대로 기록되어 있음을 알 수 있다. 놀라운 것은 그가 현재 곤충 회사의 대표가 되었다는 점이다. 군 시절부터 곤충 사업에 대해 진지하게 고민했다고 한다. 어린 시절 취미 삼아 곤충을 키우던 소년에서 이제는 브리더(번식 전문가)이자 곤충 스타트업 사업가로 입지를 다져 나가고 있다.[6]

이야기 넷,
변화를 기록하면 강력한 콘텐츠가 된다

'제이제이'로 알려진 박지은 님이다(blog. naver.com/jjeuneu). 그녀는 10년 넘게 다이어트를 하면서 수많은 부작용과 호르몬 이상을 겪었다. 그 결과 운동뿐 아니라 멘탈 케어와 식단의 중요성을 깨닫고 블로그에 다이어트 일기를 기록하기 시작했다. 그녀의 진솔한 다이어트 일기는 많은 다이어터와의 공감대를 형성했고 하루 6천~1만여 명이 방문하는 인기 블로그가 되었다. 이후 방송에 출연하고, 다이어트 서적을 출간했으며, '살롱드핏'이라는 피트니스 센터를 오픈했다. 지금은 구독자 약 98만 명의 유튜버로서 콘텐츠를 확장해 활발한 활동을 이어가고 있다.

내가 아는 대표적인 사례를 들었을 뿐이다. 이 밖에도 블로고스피어에는 살아 있는 증거들이 비일비재하다. 시간이 쌓은 꾸준함의 힘이다. 꾸준함은 모든 악조건을 이긴다. 블로그에 꾸준히 기록하고 자신을 꽃피워라. 이 책을 읽으며 자기가 가고 싶은 방향을 설정하고 자기만의 속도로 나아가길 바란다. 다음 살아 있는 증거는 바로 당신이다.

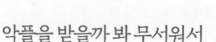

악플을 받을까 봐 무서워서
글을 못 쓰겠어요

"저는 블로그에 제 속마음을 쓰는 것이 어렵습니다. 행여 이웃들이 흠을 잡을까 걱정됩니다. 악플이 달릴까 두렵기도 합니다. 어떻게 극복해야 할까요?"

이 질문에는 2가지 문제의식이 들어 있다. 첫 번째는 속마음을 써야 하는가, 두 번째는 악플이 두려운 것이다. 하나씩 풀어가도록 하겠다. 결론부터 말하자면, 속마음을 꼭 쓸 필요는 없다. 그냥 단순하게 생각해보자. 글을 써서 더 괴롭다면 왜 그 글을 써야 하는가? 속마음을 써서 고통스럽다면 쓸 필요가 없다. 나의 첫 접근 방식이 일기장 형태였던 것일 뿐, 일기가 누구나 해야 하는 필수사항은 아니니 오해 없길 바란다. 사람마다 블로그의 동기는 다를 수 있다. 이는 어떤 일이든 마찬가지다. 나는 블로그 이웃이 아무도 없었다. 누가 내 블로그에 올 거라고 생각하지도 않았다. 그래서 마음 편하게 속마음을 이야기할 수 있었다. 나는 전적으로 '내가 더 나은 삶을 살기 위한 방식'으로 블로그를 활용했다. 만약 블로그에 속마음을 써보고 싶은 욕구가 생긴다면 다음 질문에 스스로 답을 해보면 좋겠다.

1. 쓰고 싶다는 속마음은 구체적으로 어떤 것인가? (누군가의 욕? 아니면 사는 것에 대한 불만?)
2. 1번이 정말 쓰고 싶은가? 안 쓰면 답답해 미칠 것 같은가?

쓸거리가 무엇인가에 따라 써야 할지 말아야 할지 결정할 수 있다. 그런데 내가 수강생들과 이야기해보면, 구체적으로 무엇을 쓸 것인지 떠올려본 적도 없는 경우가 많았다. 그냥 막연하게 '속마음'이라고 하지 말고, 그 속마음이 대체 무엇인지 구체적으로 떠올려보길 바란다. 만약 그 글이 사회적으로 물의를 일으키거나, 윤리적·도덕적으로 용납하기 어렵거나, 블로그 이웃 중 누군가가 봤을 때 갈등을 초래할 수 있다면 공개적으로 쓰는 것은 자제해야 한다. 우려의 씨앗이 담긴 글이라면 혼자 볼 수 있도록 설정하자. 글은 발행한 순간부터 내 손을 떠나기 때문이다. 누가 언제 어떻게 와서 내 글에 접속할지 모른다.

버락 오바마 전 미국 대통령은 재임 시절 청소년들에게 이런 조언을 한 적이 있다. "인터넷에 너무 많은 개인정보를 게시하면 훗날 자신을 괴롭힐 수 있습니다. 직장을 구하려 할 때 여러분의 발목을 잡을지도 모릅니다."[7] 지킬 건 지키면서 써야 한다. 블로그에도 공중도덕이 필요하다. 글을 쓰고는 싶은데 남들이 볼까 봐 염려된다면 전전긍긍하지 말고 블로그 기능을 활용해보자. 블로그에는 내 글이 검색되지 않도록 설정하는 기능이 있다. 발행하는 글마다 공유 여부를 원하는 대로 설정할 수 있다. 이 기능이 있는 이유가 있을 것이다. 슬기로운 블로그 생활에 적용해보자.

| 포스팅 발행 설정 |

항목	설정 가능 여부
댓글 허용	허용/비허용
공감 허용	허용/비허용
검색 허용	허용/비허용
블로그, 카페 공유	링크만 허용/본문 허용/허용 안 함
외부 공유 허용	허용/비허용

다음으로 생각해볼 것은 속마음의 깊이다. 속마음은 얕은 속마음, 깊은 속마음, 아주 깊은 속마음이 있다고 생각한다. 예를 들면 이런 것이다.

| 슬픈 속마음을 다룬 글쓰기 |

	얕은 속마음	깊은 속마음	아주 깊은 속마음
슬프다	나는 슬프다.	나는 오늘 애인과 헤어져서 너무나 슬프다.	나는 오늘 애인과 헤어졌다. 헤어지고 싶지 않아서 매달렸지만 거절당했다. 너무 슬퍼서 아무것도 못 하겠다. 미쳐버릴 지경이다.

'슬프다'는 속마음은 같지만 어느 깊이로 다루느냐에 따라 내용이 달라질 수 있다. 깊이가 얕을수록 공개적으로 글을 쓰는 데 부담이 적다. 속마음을 쓰고 싶은데 타인이 신경 쓰인다면 얕은 수위부터 접근해볼 수 있다. 얕은 수위마저도 염려된다면 비공개로 혼자만 볼 수 있도록 글을 쓰는 것이 정신 건강에 이롭다.

다음은 악플에 대한 것이다. 사실 모든 창작자가 고민하는 부분이기도 하다. 오죽하면 악플 때문에 콘텐츠 창작을 포기하기도 한다. 나도 악플 때문에 마음고생을 해보았다. "네 글은 똥이다." 이런 댓글도 받아보았다. 메인에 뜨면 밑도 끝도 없는 악플이 달릴 때가 있다. 나를 모르는 불특정 다수에게 글이 노출될 때 주로 발생하는 일이다. 당시에 너무 충격을 받아서 블로그를 접을까 고민도 했다. 그런데 여기서 꼭 알아야 할 것이 있다. 바로 의견과 악플을 구분해야 한다는 것이다.

글에 정중한 태도로 자기 의견을 덧붙인다면 건강한 토론의 장이 될 수 있다. 나는 내가 생각해보지 못한 부분을 댓글로 받으면 솔직하게 말한다. "제가 생각해보지 못한 부분입니다. 해당 내용을 좀 더 알아보고 글을 보강해보겠습니다. 의견 감사합니다." 이렇게 하면 내 글이 더 대중적으로 발전할 수 있다. 허나 악플은 정중하지도 않고 의견도 없다. 맥락이 없는 비난이나 욕설이다. 악플은 무대응과 차단, 신고가 답이다. 이것은 콘텐츠 창작자들의 불문율이기도 하다. 악플러는 누구를 공격하기 위해서 돌아다니는 사람이다. 사실 내 글은 읽지도 않는다. 그들은 악플로 타인이 타격받는 것을 즐긴다. 남을 깎아내리면서 희열을 느끼는 것이다. 그런 사람들 때문에 내 소중한 공간이 흔들린다면 너무 억울하지 않겠는가? 내 경험상 블로그에는 악플러보다 선플러가 훨씬 많다. 나는 선플 덕분에 첫 책의 아이디어까지 얻었던 사람이다. 악플에 너무 겁먹지 말자.

어떤 글을 쓰고자 할 때는 글쓰기를 원하는 '강도'와 글을 쓸 수 있는 '타이밍'이 조화를 이루어야 한다. 자기만의 강도와 타이밍은 사람마다 다르다. 속마음을 쓰고자 하는데 이웃들의 눈치가 보일 정도라면, 사실 쓰고자 하는 강도가 낮고 쓸 수 있는 타이밍도 부족할지도 모른다. 여기에 대한 답은 오직 자신만이 안다. 내가 정말 강력하게 원하는지, 내가 지금 글을 쓸 만한 적절한 타이밍인지, 혹시 덜 원하거나 시간이 부족한데 억지로 쓰려는 것은 아닌지 판단해보길 바란다.

2장

·

블로그는 나를 글로
기록하는 것이다

자신의 삶을 주 교재로, 책은 주석으로.
배우는 자는 자기 자신의 몸속에 온 역사가 살아 있다는 것을 알아야 한다.
그리고 당당히 집에 앉아, 자신이 세계의 어떤 나라
어떤 정부보다도 위대하다는 것을 깨달아야 한다.

– 랄프 왈도 에머슨(Ralph Waldo Emerson) [1]

글쓰기의
4가지 속성

글쓰기는
표현하는 것이다

　　"나는 이 지구에서 보았던 것 중에 가장 아름답고 행복한 것으로 글을 마무리하려 한다. 꼬치에 끼워져 있는 감자튀김이 입혀진 핫도그. 난 울고 있다. 이걸 보아라. 너무도 좋다. 그것은 한 입 한 입이 너무나도 맛있다."[2]

　　어떤 음식을 표현한 것인지 상상이 가는가? 바로 감자튀김이 붙어 있는 일명 '만득이 핫도그(감자 핫도그)'를 표현한 글이다. 글쓴이는 미국의 유명 라이프 스타일 블로거인 매트(Matt)다. 2011년 8월 한국을 방문한 그는 '한국의 길거리 음식과 꼬치'라는 제목의 글을 썼다. 작성한 지 10년도 넘은 글이지만, 그가 핫도그를 먹는 사진과 함께 지금도 인터넷에서 화제가 되는 글이다. 글만 봐도 그가 어떤 마음으로 얼마나 맛있게 먹었는지 느낄 수 있다. 표현력 덕분이다.

글쓰기를 어려워하는 사람들과 깊은 대화를 해보면 공통점이 있다. 글쓰기를 거창하게 여긴다는 점이다. 마치 프로 작가처럼 문학적인 필력을 발휘해 완성도 있는 작품을 써야 한다는 강박감이 든다는 사람도 있었다. 입시나 출세를 위해 글을 쓰도록 교육받고, 정답에 맞추도록 훈련하는 방식으로 글쓰기를 접한 사람은 공통적으로 글쓰기를 부담스러워했다. 글쓰기는 표현에 달려 있다. 생각, 감정, 경험, 상황을 표현하면 된다. 생전 처음 먹어보는 감자 핫도그의 맛과 감동만 적어도 한 편의 글이 된다. 심지어 이글은 신문 기사에도 실렸다. 핫도그 글을 우습게 생각하면 블로그가 어렵게 느껴질 것이다. 우리는 노벨문학상을 받으려고 블로그에 글을 쓰는 것이 아니다. '어떻게 써야 남들한테 잘 썼다는 소리를 들을까?'가 아니라 '어떻게 써야 내가 느끼는 것들을 제대로 표현할 수 있을까?'에 집중하면 된다.

글쓰기는
감동하는 것이다

미국의 유명 디자이너가 쓴 책에 이런 글귀가 있었다. "숨 쉬는 피붓결 같은 단단한 바위. 이게 가능한 일이야? 도대체 뭘 어떻게 한 거야?" 재료는 분명 단단한 돌인데, 마치 진짜 살결처럼 표현된 신체 조각상이 너무 경이로운 나머지 이런 표현을 한 것이다. 이 문장을 접한 순간, 조각상을 보는 새로운 안목이 나에게 생겼다. '숨 쉬는 살결 같은 바위', 앞으로 조각상을 보면 이렇게 느낄 것만 같다. 이 문장을 쓰기 위해서는 먼저 감동해야 한다. 감동하지 않고서는 감동을 쓸 수 없다. '맙소사. 살아 있는 사람 같아. 어떻게 저렇게 만들었지?' 감동을 잘하는 사람이 글도 잘 쓴다.

글쓰기는 감동하는 것이다. 감정이 열려 있는 사람은 글에도 나타난다. 감정이 얼어 있으면 글도 얼어 있다. 글쓰기는 감정적으로 하자. 감동을 표현하라. 감동한 과정과 이유, 즉 내 안의 사고 과정을 섬세하게 표현하면 훌륭한 글이 된다. 나에게 타고난 소질이 하나 있다면 바로 감동력이다. 나는 감동을 잘하는 편이어서 별것도 아닌데 감동할 때가 있다. "우와, 오늘 하늘 좀 봐. 저렇게 크고 밝은 보름달은 처음 본다." "숲 내음 정말 좋다. 집에 담아서 가져가고 싶어." "이번 신곡 진짜 좋다. 기분 안 좋았는데 갑자기 기뻐지려고 해." 오죽하면 맛집 리뷰를 남길 때도 이런 표현을 쓴다. "행복할 정도로 맛있습니다." "식감이 예술입니다. 인생 맛집

입니다." 아이를 키우며 감동 감각이 더 발달한 것 같다. 아이는 감동 그 자체이기 때문이다.

살면서 감동한 순간이 있는가? 감동한 맛, 감동한 풍경, 감동한 노래, 감동한 사람이 있는가? 그 기억부터 슬며시 꺼내어 블로그에 담아보자. 감동하기 전후의 상황과 감정이 어땠는지, 이제와 떠올려보니 그 감동의 기억이 어떻게 해석되는지. 감동한 기억을 떠올리면 잠재된 감동 감각이 깨어난다. 감동은 대단한 것이 아니다. 오늘을 감사하고, 지금 이 순간을 감사할 수 있다면 비로소 일상에 감동의 순간이 자리하게 된다. 감동을 기록한다면 영원히 간직할 수 있다.

글쓰기는
생각 쓰기다

글쓰기는 보통 '책상에 앉아서 손으로 글을 쓰는 것'이라고 생각한다. 그래서 책상에 앉아 있는 시간이 곧 글쓰기를 좌우한다고 여긴다. 물론 지금 내가 쓰고 있는 책처럼 하나의 메시지를 담은 장문의 글을 써 내려갈 때는 책상에 앉아 있는 시간과 글쓰기의 완성도가 비례할 수도 있다. 하지만 블로그 글쓰기는 반드시 그렇다고 보기 어렵다. 더더군다나 글쓰기의 속성을 알면 책상 앞에 오래 앉아야 한다는 부담을 덜 수 있다. 글쓰기는 생각 쓰기다. 글쓰기는 엄밀히 말하면 '글자'를 쓰는 것이 아니라 '생각'을 쓰는 것이다. 글쓰기는 생각이 90%고, 쓰기는 10%다. 내가 이런 말을 하면 사람들은 깜짝 놀란다. 무슨 소린지 이해가 안 된다고도 한다.

예를 들어 '기분이 나아지기 위해 내가 하는 것들'이라는 제목의 글을 쓴다고 치자. 이 글을 쓰기 위해서는 일단 내가 기분이 나아지기 위해서 하는 일이 있는지부터 생각해야 한다. 생각해봤더니 샤워, 맛있는 것 먹기, 숙면 총 3가지가 나왔다고 치자. 그렇다면 소재별로 기분이 나아지기 위해 샤워, 먹기, 숙면을 어떤 방식으로 하는지 다시 생각해야 한다. 그게 정말 기분이 나아지기 위해서 의도적으로 하는 것인지, 일상 루틴일 뿐인지도 생각해야 한다. 그다음 생각해볼 것은 '3가지 행위를 하고 나면 하기 전과 어떻게 다른지'다. 만약 모두 해봤는데 기분이 나아지는 바가 별로 없다면 이 글을 쓰려고 한 의도 자체가 무색해진다. 만약 이런 생각이 전혀 떠오르지 않은 상태에서 글 주제만 먼저 잡아놓고 책상에 앉는다면 글을 쓰는 시간이 예상보다 길어진다. 왜냐하면 생각하고 떠올리는 데만 꽤 많은 시간을 투자해야 하기 때문이다. 주제마저 정하지 않고 자리에 앉았다면 그다음은 말할 것도 없다.

나는 설거지를 하면서, 버스를 타고 가면서, 밥을 먹으면서 머리에서 생각하는 편이다. 겉으로는 티가 나지 않기 때문에 사람들은 내가 머리로 구상을 하는지 전혀 눈치채지 못한다. 오직 나만안다. 나는 내 기억력을 믿지 못하기 때문에 반드시 메모한다. 효율적인 글쓰기는 평소에 떠오르는 글감을 저축하듯 글감 저금통에 모아두고, 이 글감을 어떻게 요리할 것인지 생각해둔 상태에서 책상에 앉아서는 타이핑만 하는 것이다. 내가 글쓰기 실력이 부족해서가 아니라 생각을 덜 해놓은 상태라서 글이 써지지 않는다는 것을 기억한다면, 책상 앞에 앉아서 글이 안 써질 때 최소한 자멸감에 빠지지는 않을 것이다.

글쓰기는
마음씨다

　　　　　　　　글을 잘 쓰려면 먼저 좋은 사람이 되라고들 한다. 15년 넘게 한길을 걸어온 한 출판사 대표는 "잘 쓴 글보다 좋은 사람을 만나는 것이 우선이다"라는 말을 하기도 했다.[3] 좋은 책은 더 박식한 사람, 더 유명한 사람, 사회적 지위가 더 높은 사람이 쓴 책이 아니라, 저자가 자신의 삶을 고스란히 담아내면서 세상을 바라보는 시선이 따뜻한 책이라고 한다. 깊이 공감했다.

　우리가 사는 시대는 개인이 자기표현을 할 수 있는 시대다. 굴지의 언론사를 통하지 않고도 누구나 자기 이야기를 할 수 있다. 그러다 보니 콘텐츠를 보면 그 사람이 보이곤 한다. 글을 보면 그 사람이 보이고, 말을 들으면 그 사람이 보인다. 잘되는 콘텐츠를 만들려면 결국 둘 중의 하나를 선택해야 한다. 감쪽같이 포장하거나 좋은 사람이 되거나. 당신은 어느 쪽을 선택하고 싶은가? 분명히 둘 다 쉬운 일은 아니다. 포장도 어렵고, 좋은 사람도 어렵다.

그런데 내가 나이 들어보니 본능적으로 마음씨가 고운 사람을 진심으로 응원하게 된다. 그 사람이 더 잘되었으면 좋겠고, 그 사람이 하는 말을 귀담아듣게 되고, 그 사람이 쓴 글을 챙겨보게 된다. 하지만 포장은 포장지가 벗겨지면 그만이다. 어차피 쉽지 않은 것은 마찬가지인데 이왕이면 좋은 사람이 되어보면 어떨까?

글에는 마음씨가 드러난다. 마음씨란 마음을 쓰는 태도다. 누구나 자신의 태도를 결정할 수 있는 자유가 있다. 내 마음씨의 어느 부분이 마음에 들지 않는다면 고쳐나갈 수도 있다. 인생을 대하는 마음씨, 세상을 대하는 마음씨, 나를 대하는 마음씨를 들여다보자. 글쓰기에는 내 마음씨가 담기기 때문에 마음씨가 달라지면 글도 달라진다.

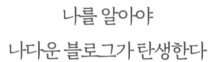

나를 알아야
나다운 블로그가 탄생한다

블로그를 하는데,
왜 나를 알아야 돼요?

앞서 글쓰기의 4가지 속성에 대해 알아
보았다. 글쓰기는 표현하고, 감동하고, 생각을 쓰고, 마음씨를 담
는 것이다. 누구의 표현과 감동과 생각과 마음씨를 담는 것인가?
바로 '나'다. 결국 글쓰기는 '나'라는 사람을 알고 이해해야 쓸 수 있
다. 글을 쓰려면 지금의 나를 만든 세계부터 탐색하는 것이 좋다.
블로그 글쓰기가 어렵고 힘들다는 수많은 사람을 탐구해보면 본
질에는 '내가 나를 모른다'는 한 가지 명제가 자리하고 있다. 내가

내 생각과 마음을 모르면 사실상 글쓰기는 산으로 가게 된다. 글을 쓰긴 썼는데 어딘가 모르게 마음에 들지 않고, 묘하게 이상하지만 딱히 어디가 이상한지 몰라서 선뜻 고치지도 못한다.

블로그를 할 때 가장 중요한 점은 나를 알아야 한다는 것이다. 블로그를 개설하기는 했지만 주제는 무엇으로 잡을지, 프로필은 어떻게 꾸밀지, 어떤 소재를 꾸준히 쓸지 정하기 어려운 핵심 이유가 바로 이 때문이다. 대부분 사람은 자기가 뭘 좋아하는지 기본적인 기호조차도 모른다. 실제로 실험 결과도 있다. 아메리카노를 좋아하는지, 카페라테를 좋아하는지도 모르는 것이 사람이다. 좋아한다고 생각했는데 실제로는 다른 걸 좋아하고 있다는 것을 자기 탐구를 통해 깨닫는 사람도 있다. 나를 알아야 글쓰기가 쉬워지고 나다운 블로그가 될 수 있다.

생각보다 우리는
자신에 대해 잘 모른다

글쓰기가 어렵다는 두 사람이 있었다. 한 사람은 영어 선생님으로, 유아 영어 학습을 다룬 블로그를 운영해보고 싶다고 했다. 영어는 대표적인 레드오션이다. 우리나라에서 영어에 관심 없는 사람이 있을까? 이분은 아이들에게 영어를 가르친 경력도 있고, 놀이식 영어라는 교육 방법도 구체적이었다. 내가 볼 때는 군이 따로 배우지 않아도 이미 교육 현장에서 얻은 경험과 교훈으로 블로그를 운영하면 될 것 같았다. 그런데 도무지 글쓰기가 어렵다고 했다. 기나긴 인터뷰 끝에 나는 단서를 찾아냈다. 이분은 살아오면서 영어 학습을 어려워한 적이 없었다. 별다른 고비나 특별한 노력 없이 영어 성적이 대체로 상위권이었다고 한다. 그래서 학생들이 무엇을 어려워하는지, 어려워하는 부분을 어떻게 이끌어줄지에 대해서 자기 확신이 부족한 상태였다.

다른 한 사람은 체육 선생님으로, 유아 체육 학원을 운영 중이었다. 학원은 잘되었다. 이분은 요즘 아이들에게는 체력이 중요하다면서 이 메시지를 담은 블로그를 운영하고 싶다고 했다. 먼저 언급한 영어 선생님과 마찬가지로, 이분도 블로그를 바로 운영하면 될 것 같았는데 왜 나에게 코칭을 의뢰한 것일까? 긴 토론과 상담을 해보니 이분도 비슷한 이유였다. 지식과 기술은 전문적이지만 자기 확신이 부족했다.

두 사람의 공통점은 교육 전문가로 현업에서 활동 중이지만 자신의 교육관과 경험담을 공개적인 공간에 써본 적이 없다는 것이었다. 블로그에 글을 쓰면 뭔가 대단한 교육관을 천명하는 것 같은 기분이 든다고 했다. 동네에서 작은 학원을 운영할 뿐인데 블로그에 글을 썼다가 안 좋은 댓글이 달릴까 봐 걱정하기도 했다. '이 메시지는 꼭 전해야 돼'와 '내가 뭐라고 그런 걸 전해' 하는 상반된 마음이 공존하는 것이다.

전문가여도 나를 모르면
이상하게 자신이 없다

영어 선생님에게는 과제를 주었다. 태어날 때부터 지금까지 영어를 어떻게 습득했는지 학습 일기를 써보라고 했다. 처음에는 자신 없다며 머뭇거렸지만, 그는 두어 달가량 최선을 다해 자신에게 집중했다. 일기를 쓰며 자신도 놀란 부분이 있다고 한다. 왜곡된 기억이 바로잡히고, 몰랐던 기억이 떠오른 것이다. 영어 공부에 있어서 특별히 애쓴 기억이 없었던 까닭이 있었다. 바로 가정 환경이었다. 아버지께서는 매일 아침 영어신문을 보셨다고 한다. '어른은 당연히 영어로 된 신문을 보나보다.' 이런 생각이 들어서 영어를 친숙하게 받아들이게 되었다고 한다.

기억을 더듬어보니 영어 공부가 힘든 적도 있었다. 그때마다 부모님과 선생님의 응원을 받고 다시 일어나게 되었다고 한다. 글로 쓰기 전에는 흐릿했던 기억이 글을 쓰면서 비교적 선명하게 복기된 것이다. 내가 놀란 점은 이분 글의 완성도였다. 글쓰기가 어렵다더니 웬걸, 글이 술술 읽히는 것이 아닌가. 사실 블로그 글은 잘 읽히는 가독성이 가장 중요하다. '읽는 것'이 아니라 '듣는 것'처럼 느낄 정도로 다정하고 재미난 글이었다. 학습 일기를 쓴 후, 그는 스스로 한 가지 목표를 세웠다. 그에게는 2명의 유아 자녀가 있었는데, 글을 쓰다 보니 나른 집 사너들을 가르치면서 징작 자기 아이들은 가르치고 있지 않은 자신을 발견했다고 한다. 그래서 한 번도 영어를 배워본 적이 없는 자신의 아이들에게 영어를 가르치면서 이를 기록하는 블로그를 운영해보겠다고 했다. 근사한 아이디어였다.

체육 선생님과는 자주 이야기를 나누었다. 한번 통화하면 기본 1시간일 정도로 많은 대화를 나눴다. 나는 주로 질문을 했다. "요즘 아이들에게 왜 체력이 중요할까요?" "체력을 키우는 법 중에 쉽고 효과 좋은 것이 있을까요?" "이렇게 잘 아시는데 왜 글을 쓰려고 들면 망설여질까요?" 수많은 질문 중에 그녀는 유독 한 가지 질문을 아파했다. 자신도 모르는 자기 마음을 알게 된 것 같다고 했다. 알고 보니 어린 시절의 아픔이 있었다. 그녀는 살면서 한 번도 당당하게 자기주장을 해본 적이 없다고 한다. 직업인으로서는 전문가이고 학부모와 학생의 만족도도 높았지만, 정작 내면에는 자신도 모르는 걸림돌이 있었다. 이 무의식이 글쓰기를 주저하게 했다. 글을 쓰려면 자기주장을 하고, 근거를 대고, 설득을 할 수도 있어야 하는데, 자신이 본 전문가들은 다들 너무 글을 잘 쓴다며 위축되어 있었다.

이럴 때는 '탄탄한 자기주장을 하는 것이 전문가'라는 프레임부터 깨는 것이 순서다. 전문가라고 해서 모두 날카로운 자기주장을 하는 것은 아니기 때문이다. 부드럽게 설득하는 사람, 진솔한 자기 이야기로 공감대를 형성하는 사람 등 저마다 자신만의 색깔로 이야기를 풀어간다. 이 경우 위대함에 가까운 저명한 전문가보다는, 내가 따라 할 수 있는 친근한 전문가의 상을 모아보면 도움이 된다. 내가 하고 싶은 글쓰기나 스피치의 스타일을 모으는 것이다.

체육에 관심이 없던 과거의 나를 돌이켜보는 것도 도움이 된다. '나는 왜 체육에 매력을 느꼈지?' '체력을 키우고 나서 내 삶이 어떻게 달라졌지?' '운동을 하면서 가장 즐거울 때는 언제지?' 그녀가 태어나면서부터 뼛속까지 체육인은 아니었을 것이다. 분명히 계기가 있고, 이유가 있고, 희로애락이 있다. 그것을 끄집어내면 어떤 글보다 나다우면서도 친근한 글이 된다. 글이 안 풀릴수록 나를 들여다보자. 사회가 준 이름, 세상이 준 이름, 직업이 준 이름을 모두 떼고 본연의 나를 들여다보면 그 안에 해답이 있다.

쓰다 보면
나를 알아차리게 되는 글쓰기

머뭇거리게 될 때는 거창한 목표를 접어두고 당장 소박하게라도 시작해보자. 나는 어떤 생각이나 감정이 일면 일단 쓰는 편이다. 끝을 장담하지 않는다. 이게 쓰다가 버려질지, 나중에 수정해서 발행이 될지, 인기 폭발의 글이 될지 아무것도 예측하지 않고 '일단 쓴다'.

언젠가는 이런 일이 있었다. 큰아이가 7살, 작은아이가 2살일 때, 정신직·육체적으로 번아웃이 온 적이 있다. 청개구리처럼 지지리도 말을 안 듣는 첫째의 행동이 너무 버거웠다. '미운 7살이 너무 버거운 엄마'라는 주제로 글을 써 내려갔다. 나는 보통 한 편의 글을 완성하는 데 이틀 정도 걸린다. 사진 자료가 많이 들어가거나 평소보다 글밥이 많다고 해도 일주일을 넘기는 일은 드물다. 그런데 이번 글은 2주가량 써 내려가는데도 도통 완성이 될 기미가 보이지 않는 것이다. 매끄럽게 써 내려가지지도 않고 쓰다가 툭툭 막혔다. 어쩌고저쩌고 써놓고는 잠시 멈춰서 그 문장을 바라보고는 '내가 하고 싶은 말이 정확히 이게 맞나?' 고민하기 일쑤였다. 수정하고 또 수정했다. 수정한 글이 너무 이상해서 다시 고쳐 쓰고 원상태로 복구하는 일을 수도 없이 반복했다. 너무도 더디게 써지고 아무리 생각해도 완성되지 않는 글을 매일 붙들고 늘어지다 나는 뜻하지 않게 깨달음을 얻었다. '아! 내가 아이의 행동에 이 정도로 화가 난 건 아니었구나.' 고작 한 바닥을 쓸 만한 이야기도, 생각도 없으면서 나는 왜 그렇게 짜증 나고 화가 났던가. 절반도 완성하지 못한 글을 보며 아이에게 괜스레 미안해지기도 했다. 마음이 복잡하고 힘들었는데 참 신기하게도 차분하게 정리가 되었다. 쓰던 글은 삭제하고, 나는 이 반성문을 새로운 소재 삼아 포스팅했다.

마음에도 사각지대가 있다. 글쓰기는 나를 알아차리는 데 특효가 있다. 학자들에 의하면, 인간의 마음은 80% 이상이 무의식이라고 한다. 나도 모르는 내 마음을 데리고 우리는 공부도 하고 일도 하며 살아간다. 마음이라는 아이는 꽤 수줍음이 있는 편이어서 평소에는 눈앞에 나타나지 않는다. 똑똑 노크를 하고 다정하게

다가가면 빼꼼히 얼굴을 내밀어준다. 마음은 눈에 보이지 않는다. 글자로 마음을 적으면 비로소 마음이 눈에 보이게 된다. 보이지 않는 건 쓰다듬고 보듬어줄 수 없지만, 보이는 건 쓰다듬고 보듬어줄 수 있다. 머리가 엉켜 있으면 가지런히 빗겨줄 수도 있고, 옷에 구멍이 났으면 바느질을 해줄 수도 있다. 애정 어린 객관성으로 나를 보살펴주는 것이 글쓰기다.

나를 공부하는
3가지 질문

'나'를 구성하는
2가지 성분

　　아기를 제외한 모든 사람은 2가지 성분으로 이루어져 있다. '자연인의 나'와 '사회인의 나'다. 집에서는 널브러져 있고 며칠 안 씻어도 아무렇지 않은 사람이, 회사에서는 깔끔하고 단정한 '일잘러'가 가능한 것은 우리가 '사회적인 나'를 의도적으로 꾸밀 수 있기 때문이다. 나만 해도 회사에서는 워커홀릭에 완벽주의자였지만, 집에서는 도통 이불 밖을 벗어날 줄 모르는 나무늘보형 집순이였다. 나는 이런 '다름'이 싫지 않았다. 사회인으로 노력하는 나 자신이 나름 기특해 보였다. 집에서는 나무늘보지만 회사에서는 부지런한 여우로 변신할 수 있다는 건 그만큼 자기절제력이 있는 것 아닌가?

하지만 나쁘다고만 볼 수 없는 이 상황이 나빠질 때가 있다. 바로, '사회적인 나'가 '자연적인 나'를 압도할 때다. 나무늘보가 나무늘보임을 포기하고 부지런한 여우로 살려면 상당한 자기 억제를 해야 한다. 이렇게 되면 나무늘보는 사회적으로 살아가긴 하지만 어딘가 모르게 불편해지기 시작한다. 불안하고 우울하고 초조하고 화도 난다. 나무늘보에서 멀어질수록 불행해지는 것이다. 오랫동안 자기 억제를 한 사람은 내가 무엇을 좋아하는지, 무엇을 원하는지 자기 감각을 잃기도 한다. 인생의 대부분을 사회의 요구에만 맞춰 살다가 은퇴한 사람이 방황하는 이유도, 억압되어 있던 민낯의 나를 만나고 어찌할 바를 몰라서라고 한다. '자연인의 나'와 '사회인의 나'가 적절한 균형을 이뤄야 하는 이유다. 세상이 나에게 "주어진 역할이나 제대로 해라"라고 강조할지라도 나만큼은 나를 다정하게 대해야 하는 이유이기도 하다.

나로 살아가는 모든 사람이
해야 할 '나 공부'

생소한 가전제품을 사면 사용설명서를 읽어보는 것처럼 '나'도 제대로 읽어봐야 써먹을 수 있다. 하다못해 라면 먹을 때도 조리법을 참고하면서 왜 '나'라는 사람에 대해서는 공부하지 않는가? 나를 찾아내서 다 써먹으면서 살면 좋겠다. 나를 알아보는 방법은 여러 가지가 있다. 너무 다양해서 조목조목 꼽기가 곤란할 정도다. 내가 가장 좋아하고 도움받았던 방법은 '책쓰천'이다. 책을 읽고 글을 쓰고 실천하는 세트 플레이를 습관으로 삼으면서 '나'라는 사람을 많이 알게 되었다.

책을 선택할 때는 남이 정해주는 책보다 내가 끌리는 책을 선택한다. 질문이 명확하면 책을 고르기도 쉽다. '그건 왜 그런 거지?' 인생의 질문이 생기면 해답이 있을 만한 책을 골라 읽었다. 어려운 말로 쓰인 알아듣지도 못하는 책은 읽지 않는다. 이해가 안되는 책을 아무리 읽어봐야 눈으로 글자를 스캔하는 행위에 지나지 않기 때문이다. 머리로 읽고 가슴으로 느끼고 발로 움직이면, 신영복 교수님이 『담론』에서 말씀하신 '머리에서 발까지의 여행'을 할 수 있다. 신 교수님은 머리에서 발까지의 여행이 세상에서 가장 길고 의미 있는 여행이라고 하셨다.

생활 속에서 특정 상황이나 말에 내가 보이는 반응을 관찰해봐도 나를 알아챌 수 있다. 내가 유독 좋아하거나 기분 나빠하는 무엇이 있다. 그리고 그렇게 느끼는 이유도 분명히 있다. MBTI 검사를 해보는 것도 도움이 된다. 나는 '조하리의 창(Johari's window)'을 활용해보길 권한다. 미국의 심리학자 조셉 루프트(Joseph Luft)와 해리 잉햄(Harry Ingham)이 1955년 발표한 논문에서 제시한 내용으로, 대인관계에서 자신이 어떻게 보이고 또 어떤 성향인지를 파악할 수 있도록 만든 심리학 이론이다. 자기인식 또는 자기이해 모델이라고도 불린다.

	자신은 아는 것	자신은 모르는 것
타인은 아는 것	열린 창 (open)	보이지 않는 창 (blind)
타인은 모르는 것	숨겨진 창 (hidden)	미지의 창 (unknown)

조하리의 창은 크게 4개의 창으로 이루어진다. 모든 사람은 4개의 창을 모두 가지고 있지만, 개인마다 성향이 다르기 때문에 각 창의 크기가 조금씩 다르게 나타난다. 이때 어떤 창이 가장 넓은지에 따라 자신의 성향을 파악할 수 있다.

열린 창(open)

나도 알고 타인도 아는 정보, 즉 외적으로 나타나는 정보 영역이다. 예를 들어 이름, 성별이 이에 해당한다. 열린 창이 넓을수록 대인관계가 원만하다고 한다. 내가 아는 내 모습과 남이 아는 내 모습이 일치하기 때문에 상대와의 소통이 원활할 수 있다.

보이지 않는 창(blind)

나는 모르지만 타인은 아는 정보 영역이다. 나도 모르게 표현하는 말투, 습관, 태도 등이 이에 해당한다. 보이지 않는 창이 넓은 사람은 자기표현을 잘하고 솔직하다고 한다. 보이지 않는 창에 해당하는 성향은 피드백을 통해 열린 창으로 이동할 수 있다. 노력 여하에 따라 변화할 수 있는 영역이다.

숨겨진 창(hidden)

나는 알지만 타인은 모르는 정보 영역이다. 숨겨진 창은 나만 아는 사적인 내 모습이다. 주로 집에서 나타나는 성격이라고 할 수 있다. 숨겨진 창이 넓은 사람은 신중하며 속마음을 잘 이야기하지 않는다. 자기표현을 하면 숨겨진 창이 줄어드는 동시에 열린 창이 늘어날 수 있다. 숨겨진 창은 상대와 상황에 따라 달라질 수 있다.

미지의 창(unknown)

나도 모르고 타인도 모르는 정보 영역으로, 무의식의 세계라 할 수 있다. 심리적 상처가 많으면 미지의 영역이 넓어진다고 한다. 누구도 전혀 알지 못하는 성격으로서 심리학자들의 연구 대상이 되는 영역이다.[4]

열린 창을 넓히는 방법은 2가지다. 하나는, 나는 알지만 남은 모르는 면을 조금씩 공개하는 것이다. 그러면 열린 창은 넓어지고, 숨겨진 창은 줄어든다. 다른 방법은, 남은 아는데 나는 모르는 면을 피드백 받는 것이다. 그러면 보이지 않는 창이 줄어들고, 열린 창이 늘어난다. 보이지 않는 창과 숨겨진 창에 있는 항목을 하나씩 열린 창으로 옮긴다고 생각하면 쉽다.

나를 공부하는
3가지 질문

조하리의 창을 응용한, 나를 찾는 3가지 질문이 있다. 나는 이 질문법을 수업에 적용했다. 답변하기가 쉬웠다는 사람은 한 명도 본 적이 없다. 모두가 어려워한다. '내가 아는 내 모습'조차도 모르겠단다. 어쩌면 대한민국 국민으로서 성실하게 살았다는 증거일 수도 있다. 실제로 수강생 중에는 사회적으로 인정받는 사람이 많다. 비록 쉽지 않았지만 포기하지 않고 자기 탐색을 하며 답을 적어나간 사람은 이것을 적는 행위 자체가 자신의 프레임을 깨는 데 큰 도움이 되었다고 했다.

방법은 간단하다. 먼저 내가 아는 내 모습과 남이 보는 내 모습을 나열해본 후에, 교집합에 해당하는 것을 찾는다. 이 중에 내가 원하고 보이고 싶은 모습을 찾는다. 이것을 전문용어로는 '정체성(identity)'이라고 한다. 퍼스널 브랜딩에서 콘셉트를 잡을 때 활용하는 방법이기도 하다. 우리가 작정하고 하지 않으면 사실 나에 대한 질문을 진지하게 생각해볼 기회가 별로 없다. 이 책을 펼친

김에 바로 해보길 바란다. 살면서 이런 기회는 흔치 않다. 꼭 정해진 틀이 아니더라도 평소에 '나는 일하는 사람으로선 어떤가?' '자연인으로선 어떤가?'를 놓고 키워드와 문장으로 정리하는 기회를 마련하는 것도 좋다.

여기서 기억해둘 것이 있다. 나다움을 찾는다는 것은 매우 어려운 일이다. 지금 이 질문에 한 번 답을 했다고 해서 단박에 "와, 드디어 찾았어" 할 수도 없다. 나라는 사람이 겨우 몇 가지 문답에 간파될 만큼 시시하지 않기 때문이다. 우주와도 같은 나와 자주 대화하는 태도를 연습한다는 마음가짐으로 임해보자. 진지하게 교감해본 적이 없는 나에게 처음으로 교신 신호를 보내고 통신망을 연결해보자. 처음에는 2G처럼 연결되다가 대화를 거듭할수록 5G를 능가하는 속도로 교신할 수 있을 것이다.

│ 나를 공부하는 3가지 질문 │

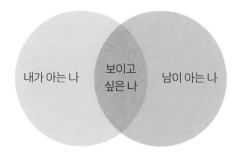

1. **내가 아는 나는 어떤 모습인가요?:** 내가 아는 내 모습을 명사나 형용사로 자유롭게 써본다. 많이 쓸수록 좋다.

2. **남이 아는 나는 어떤 모습인가요?:** 나를 잘 알 만한 주변인에게 "나는 어떤 사람 같아? 나는 어떤 성격 같아?" 질문을 해서 피드백을 받는다. (이때 솔직한 답변을 받을 수 있도록 분위기를 조성하는 것이 중요하다. 기분 나쁘게 받아들이면 상대가 말하기 어려울 것이다. 적합한 단어를 골라서 보내달라고 요청할 수도 있다.)

3. **보이고 싶은 나는 어떤 모습인가요?:** 1번과 2번 답변 중에서 공통적인 항목을 찾는다. 추려낸 공통점 중에서 내가 원하는 모습을 골라본다.

블로그 실습

1. 내가 아는 내 모습은 어떤 모습인가?

2. 남이 아는 내 모습은 어떤 모습인가?

3. 보이고 싶은 내 모습은 어떤 모습인가?

나의 강점을
발견하는 법

블로그를 하면서
나도 몰랐던 강점을 발견했다

　　　　　나는 블로그에 글을 쓰기 전까지는 내
가 누구이고, 무슨 생각을 하고, 무엇을 좋아하고, 잘하는지 잘 몰
랐다. 7년 후인 지금과 비교해보면, 그때는 부정확하고 막연하고
어렴풋한 생각으로 살았던 것 같다. 블로그를 통해 새로운 강점을
많이 발견했는데 그중 하나는 '질문에 강하다'는 것이다. 누군가
내 블로그에 댓글로 질문을 하면, 나도 모르게 적극성이 발휘되고
답변을 하기 위해 온갖 공부까지 하는 것이었다. 최선을 다해 내

가 답변을 했는데 상대방이 도움이 된다고 하면 희열이 느껴졌다. 그렇게 답변을 하다 보니 첫 책 『극한육아 상담소』가 탄생했다.

여전히 나는 질문을 사랑한다. 질문은 내 목소리에 정당성과 자신감을 준다. 질문은 나와 그 사람을 연결해준다. 묻지도 않았는데 혼자 말하는 것보다, 누가 물어봤을 때 답을 하는 것이 나는 기쁘다. 우스갯소리로 "나는 질문을 받으면 그분이 오신다"라고 한다. 덕분에 '코치' '멘토'라는 새로운 커리어도 얻었다. 누구에게나 '그분이 오시는 분야'가 있다. 내적인 펌프가 동력이 되어 몰입하게 되는 분야다. 좋아하는 분야에 강점을 발휘하면 의도하지 않아도 재미가 생기면서 마침내 특별한 성과를 내게 된다.

강점을
탐색하는 방법

강점심리학의 기초를 확립해 미국 심리학회에서 '강점심리학의 아버지'로 불린 마커스 버킹엄(Marcus Buckingham)은 이렇게 말했다. "타고난 재능을 정확하게 알아내는 가장 좋은 방법은 자신에 대한 실마리를 최대한 이용해서 시간을 두고 자신의 행동과 감정을 관찰하는 것이다. 어떤 프로파일이나 앙케이트도 이 방법보다 훌륭할 순 없다."[5] 특정 분야의 학습 속도가 빠르다든지, 유독 눈길이 가는 분야가 있다든지, 그것을 하면 시간 가는 줄 모르는 것이 누구에게나 반드시 있다. 스스로 판단이 어렵다면 내 언어를 이해하고 잠재력을 믿어주는 누군가에게 피드백을 받을 수도 있다. 내가 경험해본 강점 탐색법은 크게 다음 3가지다. 끌리는 방법을 우선적으로 실행해보길 바란다.

인생 그래프 그려보기

인생 그래프는 내 인생을 해석해보는 활동이다. 의미 있고 재미있어서 학교에서도 활용되는 것으로 알고 있다. 내 인생이 어디에서 빛났고, 왜 빛났는지, 내 인생이 어디에서 어두웠고, 왜 어두웠는지 떠올려보면 삶은 명과 암의 연속이고 곡선처럼 유연하게 사는 것임을 느낄 수 있다. 미래에 어떤 일이 일어나길 바라는지 그려도 좋다. 2009년 MBC 〈무한도전〉에서 출연자들이 했던 영상을 찾아보면 단박에 이해가 될 것이다. ① 종이를 반으로 접어 위쪽으로는 행복·기쁨·감사와 같은 긍정적인 감정의 단어를, 아래에는 슬픔·억울·우울과 같은 부정적인 감정이 담긴 단어를 적는다. ② 10대, 20대, 30대 등 원하는 나이대별로 나눠서 인생 그래프를 자유롭게 적는다. ③ 찍은 점을 하나의 선으로 연결한다. ④ 안정감을 느끼는 지인과 서로 바꿔보거나 그룹으로 이야기를 나누며 서로의 경험을 나누어도 좋다.

가족 DNA에서 찾아보기

우리에게는 '강점 게놈(genome)'이 있다. 부모의 강점은 유전적으로도 물려받지만 성장 과정에서 자연스럽게 습득하게 된다. '나'라는 틀의 기초를 다진 것은 유년 시절이다. 가족과 지냈던 유년 시절 속에서 나의 단서를 찾을 수 있다. 아버지의 장점, 어머니의 장점을 각각 50가지씩 적어보고, 그중에 나는 어떤 점을 물려받았는지 혹은 어떤 점을 닮고 싶은지 생각해본다.

설렘 탐색하기

작가 말콤 글래드웰이 강조한 "당신이 낮에 들은 것, 경험한 것, 생각한 것, 계획한 것, 뭔가 실행에 옮긴 것들 가운데 새벽 1시가 됐는데도 여전히 이야기하고 싶어 입이 근질거리는 것"을 탐색해보자. 무엇을 보면(하면) 설레고 가슴이 떨리는가? 어린 시절에 무엇을 하면 즐겁고 행복했는가? 드라마여도 되고 연예인 덕질이어도 된다. 자기 검열을 하지 말고 떠오르는 대로 적어본다.

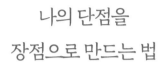

나의 단점을
장점으로 만드는 법

단점이라는 건
누가 정한 거죠?

자신에 대해 이야기해보라고 하면 신기하게도 사람들은 자기반성부터 시작한다. 부족한 점을 아는 것은 필요하지만, 필요 이상으로 아는 것은 나를 부족한 사람으로 만들어버린다. 부족한 점이 있는 사람과 부족한 사람은 다르다. 단점이라는 말은 누가 만들었을까? 단점이 없다고 하면 교만해 보일 정도로 누구나 꼭 단점을 가져야 할 것 같은 묘한 사회적 분위기가 있다. 사전을 찾아보면, 단점이라는 말이 매우 단정적임을 알 수 있다.

장점: 좋거나 잘하거나 긍정적인 점

단점: 잘못되고 모자라는 점

    이런 의미를 알고도 사람들은 너무도 쉽게 타인에게 "자신의 장단점을 말해보세요"라고 한다. 나의 잘못되고 모자라는 점을 공식적인 자리에서 내 입으로 말하거나 적어본 경험을 한두 번 해본 것이 아니다. 그렇다면 이제 자신에 대한 생각을 전환해보는 시간을 가져보겠다. 남들이 단점이라고 말해도 그것이 단점이 아닐 수도 있다. 오히려 장점일 수도 있다. 자신에 대해 좋은 평가를 내리기 어려운 순간이 올 때 이 내용을 떠올리면서 생각할 기회를 가져보길 바란다.

보석 꾸러미를 가졌어도
우리는 가지지 않은 것만 본다

    오랜 시간 호감 가는 연예인이 있다. 유재석과 장도연이다. 언젠가 유재석이 방송에 나와 옛 이야기를 떠올린 적이 있다. 예전에 한 매니저가 유재석에게 지적을 한 적이 있다고 한다. "너는 다 좋은데 카리스마가 없어. 누구누구 좀 봐. 쟤네들처럼 카리스마를 가지란 말이야." 겉으로는 알았다고 했지만 속으로는 왜 나에게 없는 걸 가지라고 하는 건지 받아들이기 어려웠다고 한다. 그때의 기억을 떠올리며 그는 이런 말을 남겼다.

"우리는 주변에서 그런 이야기를 하면 '아 맞아. 난 이게 부족해' 해서, 내가 가진 많은 장점들을 놔두고 또 다른 것들을 찾아서 나를 괴롭힌다. 그건 스스로 자존감을 떨어뜨리는 최악의 길이라고 생각한다."[6]

장도연은 뚜렷한 캐릭터가 없다며 고민했다. 누구처럼 에너지가 넘치지도 않고, 누구처럼 카리스마가 있지도 않아서 자신이 없다고 했다. 이때 개그계의 대선배인 이경규가 진심 어린 조언을 해주었다. "너는 잘하고 있다. 너는 누구하고도 티키타카가 되는 사람이다. 도연이는 캐릭터를 신경 쓸 필요가 없다. 그 프로그램에 맞는 캐릭터를 살려주면 된다."[7]

유재석이 카리스마를 가지려고 노력했다면 지금의 유재석을 보기는 어려울 것이다. 장도연이 확실하면서 튀는 캐릭터를 가지려고 노력했다면 지금의 장도연을 보기는 어려울 것이다. 나는 지금의 두 사람의 모습이 좋아서 호감을 느끼고 팬으로서 이들의 방송을 애청한다. 내가 느끼는 두 사람의 공통점은 친근하고 배려 깊다는 것이다. 이들에게 더는 '너에게 부족한 면을 더 채워 넣으라'고 하는 사람이 없었으면 좋겠다. 지금 이대로도 충분히 빛나니까.

우리가 가지고 있는 것보다 부족한 점을 더 들여다보는 회로가 발달한 것은 우리나라의 교육 방식도 일조했다고 생각한다. 만약 내가 수학을 100점 맞고 국어를 50점 맞았다면, 보통 들을 수 있는 대답은 "너는 수학에 재능이 있구나"보다는 "수학은 만점인데 국어는 부족하구나. 국어를 더 열심히 해라"일 확률이 높다. 우리나라 교육은 전 과목 만점을 목표로 하는 교육이다. 부족한 것이 있으면 안 된다. 그래서 수능을 치르고 나면 전국 수능 만점자가 언론에 등장하는 것이다. 물론 수능 만점을 받았다면 정말 부러운 일이다. 대단한 실력이다. 하지만 우리는 안다. 세상에는 만점 받는 사람보다 그렇지 않은 사람이 더 많다는 것을.

잘하는 것이 있어도 강점을 개발하는 교육을 받기는 힘들다. 우리는 안정적인 밥벌이를 위해서 이미 가진 것보다는 부족한 것을 더 채우는 데 주력하며 살았다. 지금까지 충분히 전진했으니 잠시만 멈춰서 돌아보는 것은 어떨까? 내가 부족하다고 한 것이 정말 부족한 것인지. 당신은 '남'이 되기 위해 태어나지 않았다. 당신 자체가 이미 '고유한 나'다. 존재만으로 세상에 단 하나뿐인 온리 원(only one) 브랜드다. 왜 우리는 '온리 원'으로 태어나서 '넘버 원(No.1)'이 되려고 아등바등할까. 내 단점은 '내가 생각하는 것'일 뿐이다. 나는 내가 생각하는 것보다 더 가치 있고 멋진 사람이다. 당신이 얼마나 괜찮은 사람인지 오늘 꼭 적어보길 바란다.

단점을 장점으로
생각 전환해보기

자칭 '네모공주' 방송인 박경림은 목소리가 트레이드마크(trademark)다. 만약 그녀가 예쁜 척하는 목소리를 내려고 애쓰고, 매번 자기 목소리가 싫다고 했다면 어땠을까? 이금희 아나운서는 신입 시절에 패션 감각이 없고 통통한 자신이 못마땅했다고 한다. 진한 화장을 하고 옷도 화려하게 입으려고 노력하던 중 담당 프로그램 PD가 그러더란다. "당신은 친근해서 이 프로그램 사회를 맡긴 거예요." 뮤지컬배우 옥주현은 아이돌 시절 외모에 대한 고민이 있었지만 자신만의 루틴을 통해 꾸준히 가꾼 덕에 지금은 '자기관리의 대명사'가 되었다. 콤플렉스를 극복했더니 강점이 된 것이다. 떡볶이가 자기는 촌스럽다며 피자가 되려고 했다면 한국인의 소울푸드로 오랜 기간 사랑받지 못했을 것이다. 치킨이 자기는 카리스마가 없다며 궁중요리가 되려 했다면 '국민 먹거리'가 되지는 못했을 것이다. 촌스러움을 친근함으로, 콤플렉스를 강점 계발의 노다지로 삼아보자. 내가 단점이라고 여기지 않으면 그것은 영원히 단점이 아니다.

블로그 실습

1. 내가 생각하는 나의 단점 한 가지를 적어보자.

2. 1번에 적은 단점을 장점으로 바꿔보자.

· 예: 솔직하다. → 진정성 있다.

· 예: 오지랖이 넓다. → 다른 사람에게 도움을 주고 싶어 한다.

· 예: 말수가 적다. → 대신 다른 사람의 말을 잘 들어준다.

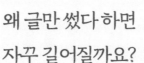
왜 글만 썼다 하면
자꾸 길어질까요?

나는 질문에서 이 부분에 주목했다. '쓰다 보면 길어진다.' 쓰다 보면 길어진다는 것은 일단 쓰기 시작했는데 '나도 모르게' '내가 원치 않았는데' 길어진다는 의미일 것이다. 왜 '쓰다 보면' 분량이 길어지는 것일까? 또, 다 쓰고 나서 '내가 원한 건 이렇게 긴 글이 아니었다'는 인식은 어떻게 하게 되는 것일까? 글쓰기는 90%가 생각하고 10%가 쓰기다. 글쓰기를 어려워하는 대부분의 사람이 이 사실을 모른다. '글쓰기는 쓰면 되는 것'이라고 생각하는 경우도 있다. 물론 맞는 말이긴 하다. 글쓰기는 쓰는 것이다. 그런데 '무엇'을 쓰는 것인가? 바로 내 생각이다.

이야기된 불행은 불행이 아니다. 그러므로 행복이 설 자리가 생긴다.
- 이성복[8]

무슨 말인가? 불행을 말하라는 것이다. 멋진 말을 꾸며낸 게 아니다. 이성복 시인의 생각을 문장으로 명백하게 쓴 것이다.

바쁨은 새로움의 천적이다.
- 구본형[9]

바쁜 사람은 새로운 걸 할 시간이 없다. 바쁨이 새로움을 막는 것이다. 이 생각을 한 문장으로 정리했다.

한때 명언 열풍이 분 적이 있다. 명언이라는 것은 유명한 사람이 말했기 때문에 명언이 아니다. 그 문장 자체가 시공을 초월해 인류에게 감동과 울림을 주었기 때문에 명언이 된 것이다. 명언도 그 말을 한 사람의 생각이다. 많은 명언이 확정적인 것은 그만큼 그 사람의 생각이 확고하기 때문이다. 내 상황과 맞아떨어지는 확신에 찬 문장을 만나면 희망을 얻기도 한다. 이 세상에 존재하는 모든 글은 생각을 문자로 옮겨놓은 것이다. 글쓰기를 잘하고 싶다면, 글쓰기를 즐기고 싶다면 내가 무슨 생각을 하는지 알아야 한다. 만에 하나 아무 생각이 없다면 쓸 수 있는 글은 이뿐일 것이다. "나는 아무 생각이 없다. 왜냐하면 아무 생각이 없기 때문이다."

나도 모르게 글이 길어질 때는 이 때문일 확률이 높다. 어떤 목적을 가지고, 어떤 내용을 쓸 것인지 생각 정리를 먼저 한 후에 글을 썼더라면 생각과 글쓰기가 비교적 일치해서 최소한 당혹스러운 상황은 면할 수 있었을 것이다. 또, 다 쓰고 나서 '내가 원한 건 이렇게 긴 글이 아니었다'는 인식을 하게 된 이유는 내가 무슨 생각을 하는지 명확하게 모르는 상태에서 글을 썼는데, 써놓은 글을 봄으로써 내 생각을 알아차렸기 때문이다. 글을 쓰면 의도치 않게 길어지거나, 반대로 더 길게 쓰고 싶은데 이어 나갈 글이 없는 사람은 자기 생각을 정돈하는 연습부터 해보길 바란다.

인터넷이 뇌 구조를 바꾸고 생각하기가 점점 낯선 행위가 되는 요즘 현실에서 생각을 정돈한다는 것은 좀처럼 쉽지 않을 수도 있다. 그럴 때 가장 효과적인 방법은 독서다. 책을 읽다 보면 어렴풋이 알고 있던 개념이나 생각이 또렷해진다. 마땅히 어떤 언어로 표현해야 할지 애매했던 것이 책 속 문장으로 정리되기도 한다. 내 가치관과 꼭 맞는 책을 만나면 희열을 느끼는 이유가 이 때문이다. '내 마음을 어쩜 이렇게 찰떡같이 표현해놨지?' 내가 누구인지 알아가는 과정은 생각보다 재미있다. 나만의 생각랜드에서 마음껏 뛰어놀아봐야 한다. 몸을 움직여야 체력이 좋아지듯이 생각도 폴짝폴짝 쿵쿵 움직여줘야 생각 체력이 좋아진다.

요즘은 알고리즘을 통해서 내가 좋아하는 것만 추천받기 때문에 나도 모르게 관심사가 편중되는 경향이 강화된다. 생각 체력을 다지는 데는 낯선 경험이 좋다. 땀 흘리고 찝찝한 내 몸에 선선한 바람이 불어오는 것처럼 신선하고 상쾌한 효과를 준다. 길어지는 분량이 못마땅한 것인지, 아무리 길게 써도 글 자체가 못마땅한 것인지 판단해보길 바란다. 전자라면 분량을 줄이면 되지만, 후자라면 반드시 '내 생각'부터 갖춰야 한다.

생각랜드에서 노는 쉬운 글쓰기 연습법

1. 오늘 한 일을 떠올려본다.
2. 그 일에 "나는 ○○○하다고 생각했다/생각한다/생각이 들었다"를 덧붙인다.

- 예: 나는 오늘 떡볶이를 먹었다. 떡볶이를 먹으면서 '역시 떡볶이는 소울푸드'라고 생각했다. 떡볶이는 내 마음을 달래준다.
- 예: 나는 오늘 박진영 인터뷰 영상을 보았다. 영상 내용은 '인맥 만들 시간에 자기 실력을 쌓아라'였다. 영상을 보고 나서 '맞아. 나는 왜 그렇게 인맥 쌓기에 열중했을까'라는 생각이 들었다. 그렇게 열심히 인맥을 쌓으려고 노력했지만, 결국 실력만이 나를 배신하지 않았다.

3장

•

블로그는 콘텐츠 베이스캠프다

자신만의 어눌한 목소리와 작은 주먹으로도
퍼스널 브랜드를 만들고 얼마든지 꿈을 꿀 수 있다.

– 게리 바이너척(Gary Vaynerchuk) [1]

인류는 왜
글쓰기를 시작했을까?

인류는 살아남기 위해
언어를 발명했다

"사람은 왜 글을 쓰지?" 이런 생각을 해본 적이 있는가? 무슨 일을 하기 전 동기 부여가 되지 않을 때는 근본적인 질문을 던져보면 도움이 된다. 결론부터 말하자면, 사람은 원래 글을 쓰지 않았다. 글자 자체가 없었기 때문이다. 언어의 역사를 알면 우리가 왜 말을 하고 글을 쓰는지 이해할 수 있다. 특히 글쓰기는 인류 역사에서 아주 중요한 생존 수단이다.

250만 년 전 원시 인류에게는 언어가 없었다. 침팬지, 고릴라,

오랑우탄과 비슷했다. 인간은 약한 존재여서 맹수의 먹잇감이 되기 십상이었다. 각자 흩어져 있으면 살아남기 힘들기 때문에 인간은 모여 살기로 했다. 모여 살다 보니 불편한 점이 생겼다. 바로 의사소통이 안 된다는 점이었다. "사냥하러 가자." "한 사람당 한 주먹씩 나눠 먹자." "날이 밝으면 열매를 따러 가자." "저기에 모아둔 곡식이 사라졌다. 범인을 밝혀야 한다." 언어로 표현하면 쉽게 끝날 것을, 얼마나 답답했을까. 인간은 물건 개수를 세어가면서 숫자 체계를 만들었고, 물건의 모양을 본떠 글자 체계를 만들었다. 언어의 탄생이다. 언어는 인간이 살아남기 위해서 만든 생존 수단이다.

글쓰기가 없는 인류는
문명도 없다

생각과 느낌을 나타내거나 전달하는 데 쓰는 음성이나 문자 따위의 수단을 언어라고 한다. 언어는 크게 말과 글로 분류된다. 말은 그 순간에만 존재한다. '말해진 언어'는 사라지고, '쓰여진 언어'는 살아남는다. 글쓰기는 '쓰여진 언어'다. 촉망받는 물리학자에서 작가로 전향한 레오나르드 플로디노프(Leonard Mladinov)는 자신의 책 『호모 사피엔스와 과학적 사고의 역사』에서 이렇게 말한다. "최초의 혁명적인 소통 기술은 글쓰기다. 글쓰기가 없다면 문명은 발달할 수 없다." 지금 우리가 배우는 모든 이론과 지식은 글쓰기를 통해서 전달되고 발전했다는 것이다. 이는 조금만 상상해봐도 충분히 납득 가능한 이론이다.

예를 들어 세종대왕께서 한글을 만들기만 하고 이를 기록하지는 않았다고 치자. 그렇다면 한글이 무엇인지, 어떻게 배워야 하는지 누가 알 수 있겠는가? 한글의 구성과 원리, 말소리 등을 훈민정음 안에 글자로 기록했기 때문에 대대손손 우리는 한글을 사용할 수 있는 것이다. A라는 지식을 글쓰기로 기록해서 이것을 대량 생산해 배포하고 공부하면, 그 집단은 'A지식을 아는 집단'으로 성장하게 된다. 만약 한 국가의 국민이 전부 A지식을 공부한다면 그 나라는 'A지식을 아는 국가'가 되는 셈이다. 언어가 없다면 지금 우리가 누리는 대부분은 누릴 수 없게 된다. 너무 당연하게 사용하는 언어 속에 엄청난 파급력이 있는 것이다.

"내 언어의 한계가 내 세계의 한계다." 철학자 루트비히 비트겐슈타인(Ludwig Wittgenstein)이 남긴 말이다. 이 말을 바꿔 말하면 다음과 같다. 내 언어의 한계가 확장되면 내 세계의 한계도 확장된다. 블로그 글쓰기를 내가 정말 좋아하는 인생 친구로 삼으면 내 언어의 한계가 확장되고, 더불어 내 세계가 확장된다. 다시 말해 내가 스스로 나의 한계를 극복할 수 있다는 말이다. 남이 대신해주는 것이 아니라 스스로 할 수 있다. 당신은 한계를 극복해볼 생각이 있는가? 이렇게 말하면 너무 거창해서 "아니요, 저는 한계를 극복할 자신이 없는데요" 할 수도 있다. 그러나 내 생각을 글자로 적기 시작하면 나도 모르게 쉬워진다.

존재감,
기록의 본질

인간은 왜 이렇게 기록을 하고 싶어 할까? 여러 이유가 있겠지만 나는 '기록 본능' 때문이라고 생각한다. 어릴 적 나는 동네 담장에 낙서를 하곤 했다. 지금은 낙서를 하면 혼꾸멍나지만, 그때만 해도 어린이의 낙서는 귀엽게 봐주던 시절이었다. 그림을 그리고 글도 썼다. 그 자체가 재밌었다. 학창 시절에는 학교 앞 떡볶이집 벽에 친구들과 낙서를 했다. 아예 낙서를 하라고 테이블마다 볼펜을 마련해둔 곳이었다. 낙서의 재미와 영업 효과를 잘 아는 사장님이었던 것 같다. "1990년 5월 5일, 선영이랑 혜진이가 맛있는 떡볶이 두 접시를 먹고 감. 우리들의 어린이날 축하한다." 그다음부터는 떡볶이집에 우리의 낙서를 구경하러 갔다. 낙서 옆에 또 다른 기록을 추가로 남기기도 하고, 나를 아는 친구들이 내 낙서에 이야기를 보태기도 했다. "다음에는 같이 먹자. -민정, 지연이도 왔다 감." 아무도 나에게 '낙서라는 기록으로 너의 존재감을 나타내라'고 알려준 적이 없다. 인간으로 태어나서 아주 자연스럽게 하게 된 일이었다. 이제는 공공장소에서 낙서를 하지 않지만 글로써 나를 계속 기록하고 있다.

인간은 존재감을 가지고 싶어 한다. 영화 〈조커(Joker)〉를 보면 그 소망이 극단적으로 묘사되어 있다. 최선을 다해 살아도 자기 존재감을 확인받지 못하는 주인공은 끝내 광기 어린 범죄자가 되어버리고 만다. 범죄를 저지르고 나서야 존재감이 드러나는 조커를 보며 그에게 존재감을 확인할 다른 방법이 있었더라면 어땠을까 하는 생각이 들었다. 존재감이란, 존재만으로 자연스럽게 우러나는 느낌을 말한다. 사람은 아무것도 하지 않아도 그 자체만으로 인정받고 사랑받기를 원한다. 내가 어떤 생각이나 마음을 가져도 "그럴 만한 이유가 있겠지" "네가 옳다" 하는 소리를 듣고 싶다. '나는 왜 이렇게 존재감이 없을까?' 많은 사람이 살면서 한 번쯤은 이런 고민을 한다. 산다는 것의 대부분이 누군가의 기대와 욕구에 맞춰 끊임없이 나를 지워가는 것이기에 자기가 소멸하는 것 같은 기분을 누구나 한 번 혹은 그 이상으로 느끼곤 한다.

한 사람이 몰두하는 것을 보면 신기하게도 그 행위가 자기 존재감을 확인시켜주는 경우가 많다. 게임에 빠졌던 학생을 인터뷰한 적이 있는데 그 아이의 말이 오랜 세월이 지나도 쉽게 잊히지 않는다. "게임 세상에서는 제가 살아 있는 거 같아요. 게임 밖에서는 아무것도 아닌데." 게임에서 자기 존재감을 확인하면 게임에 몰두하게 된다. 쇼핑에서 자기 존재감을 확인하면 쇼핑에 몰두하게 된다. 아이를 키워보면 존재감이 본능임을 알 수 있다. 아이들은 끊임없이 자신을 봐달라고 요청한다. "아빠 엄마, 나 봐라. 나 좀 봐봐." 재잘거리는 4살 정도가 되면 가장 많이 하는 말이다. 자신의 존재감을 충분히 인정받으면 세상으로 나아갈 수 있다. 빼어나게 돋보이지 않더라도 인간은 누구나 존재하고 싶어 한다. 기록은 인간을 존새하게 한다. 기록이 쌓일수록 인간은 더 풍성하고 선명하게 존재할 수 있다.

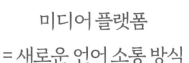

미디어 플랫폼
= 새로운 언어 소통 방식

소리와 현장을
기록하고 공유하다

　　　　　　　다음 질문으로 가보자. "그렇다면 블로
그는 왜 하는 것이고, 콘텐츠는 왜 만드는 것일까?" 결론부터 말하
자면, 블로그와 콘텐츠도 역시 인간의 필요 때문에 발명된 소통 수
단이다. 인간은 한계를 극복하기 위해 끊임없이 수단을 개발한다.
뱉고 나면 바로 사라져버리는 '말해진 언어'까지도 기록할 방법을
찾아내고야 말았다. 축음기와 라디오다. 미디어의 조상님이라 할
수 있다. 축음기와 라디오가 발명되기 전에는 소리를 기록하고 배

포할 수 있는 방법이 없었다.

놀라운 일은 여기서 끝이 아니었다. 생의 순간을 눈에 보이는 그대로 기록하고 배포하는 방법이 생겼다. 영화와 텔레비전의 발명이다. 공연이 끝나도, 계절이 끝나도, 축제가 끝나도, 이제 어떤 현장이든 기록하고 볼 수 있게 되었다. 내가 그 현장에 참여하지 않았어도 전 국민 혹은 전 세계인이 시공간을 초월한 기억을 공유할 수 있다. 올림픽 경기장 응원석에 앉아 있지 않아도 내 집에서 함께 응원을 할 수 있고, 우주 비행장에 가지 않아도 내 집에서 역사적인 우주선 발사 장면을 함께할 수 있게 되었다. 내가 미래의 사람일지라도 그 현장에 함께할 수 있다. 20세기에 등장한 새로운 언어 수단인 라디오, 영화, 텔레비전은 인간의 삶을 완전히 바꾸어 놓았다.

| 언어 기록의 성장 |

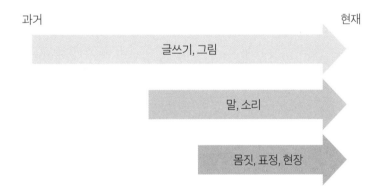

과거   현재

글쓰기, 그림

말, 소리

몸짓, 표정, 현장

모든 순간을
기록할 수 있는 시대

한 세기가 흐른 후 언어 수단은 고도의 성장을 하게 된다. 라디오, 영화, 텔레비전은 방송국(제작사)에서 제작해 배포하는 미디어였다. 즉 막대한 자본이 있거나 권력이 있어야 소유하고 운영할 수 있었다. 그런데 이것이 개인화되었다. 개인 라디오, 개인 영화, 개인 텔레비전이 생긴 것이다. 바로 SNS 와 1인 미디어다. 이제 사람들은 누구나 마음먹기만 하면 개인 언론사를 운영하고, 개인 라디오와 TV 방송을 만들고, 심지어 개인 영화까지 제작해 내가 원하는 때에 내가 원하는 분량을 방송할 수 있게 되었다. 즉 현존하는 인터넷 플랫폼은 '21세기형 언어'인 것이다.

기록의 수단이 다양해졌다는 건 환영할 일이다. 만약 지금도 기록의 수단이 글쓰기밖에 없다면, 박막례 할머니가 지금과 같은 영향력으로 존재감을 드러내기에는 한계가 있었을 것이다. 박막례 할머니의 억양과 말투, 표정, 유머 코드는 영상과 소리로 표현해야 전달력이 높아진다. "이런 옘병"을 글로만 적어서 재미있게 만들려면 치밀한 스토리텔링이 필요하다. 박막례 할머니는 유튜브 스타가 된 후에 인스타그램 계정을 운영하고 있다. 할머니 특유의 캐릭터가 담긴 방언을 글자 그대로 타이핑했다. "펀드라쌜녀드맛있게먹는방법갈켜줄게비밀리다우리펀들만알고있어숮(팬들아. 샐러드 맛있게 먹는 방법 가르쳐줄게. 비밀이다. 우리 팬들만 알고 있어, 쉿)"

	중심 언어	구현 가능한 언어	효과적인 콘텐츠
유튜브	영상 언어	짧은 영상, 긴 영상	**움직이는 모습으로 봐야 이해도가 높아지는 분야** 대표적인 예: 익스트림 스포츠, 여행, 동물, 자연, 운동, 헤어, 메이크업, 패션, 미술을 비롯한 예술 창작, 풍경, 마술, 컴퓨터 그래픽, 춤, 가수·연기를 비롯한 엔터테인먼트, 영화·드라마, 애니메이션, 뜨개질 등의 공예
인스타그램	사진 언어	사진, 글자, 짧은 영상	**사진이나 스틸 컷(영상 중 한 장면)으로 봐야 이해도가 높아지는 분야** 대표적인 예: 인기 연예인 등 외모로 눈길을 사로잡는 인물, 운동(보디라인이나 신체의 미(美)를 강조하는 사진), 동물, 자연, 미술을 비롯한 예술 창작, 풍경, 패션, 예쁜 장소, 여행지, 반전이 있거나 신기한 사진, 움직일 때는 몰랐던 찰나의 순간을 포착한 사진, 이야기가 담겨 있는 사진
팟캐스트	소리 언어	말, 소리	**청각으로 들어도 이해가 가능한 분야** 대표적인 예: 어학, 듣기 좋은 대화, 명언·책 구절 등의 낭독, 노래, 음악, 유머러스한 이야기, 소리 드라마, 풍경 소리, 인지도 높은 인물의 인터뷰
블로그	글자 언어	글자, 사진, 영상	**텍스트로 읽어도 이해가 가능한 분야** 대표적인 예: 특정 전문지식을 다룬 정보, 생활 속의 소소한 일화, 소설·시와 같은 문학, 실생활에 필요한 다양한 정보, 누군가의 문제를 해결해주는 상담, 생각과 감정을 담은 일기, 유명인의 속내나 비하인드 스토리를 담은 이야기

맞춤법도 띄어쓰기도 하지 않았지만, 박막례 할머니의 말투를 이미 알고 있는 팬들은 오히려 이런 글이 공감되고 재미있다. 영상과 글을 절묘하게 조합한 콘텐츠의 예다.

어떤 플랫폼을
선택하면 좋을까?

영상, 사진, 소리, 글자. 우리는 이 4가지로 무엇이든 표현하고 기록할 수 있다. 4가지 표현 수단만 있다면 우리는 현실세계부터 가상세계, 정신세계까지 모두 표현할 수 있다. 4가지 언어는 서로 경쟁하는 사이가 아니라 서로 도와주는 사이다. 언젠가 유튜브에서 '명상의 원리'를 설명한 1분 영상을 본 적이 있다. 물과 이물질을 섞어서 회오리처럼 돌리다가 가만히 놔두니 이물질은 가라앉고 맑은 물이 투명하게 비쳤다. 글로 설명된 명상의 원리로는 도무지 이해가 안 되던 측면을 단박에 이해할 수 있었다. 영상이 글을 돕고, 글이 영상을 도왔다. 명상 지식의 완전체가 탄생했다.

노래하는 소리만으로 열정을 표현하기 부족하다면, 몰입하는 표정과 눈빛, 몸짓을 담은 영상을 추가로 제작해보면 어떨까? 글자만으로 여행의 감동을 표현하기 부족하다면, 새파란 하늘빛과 청량한 숲속 풍경을 담은 사진을 곁들여보면 어떨까? 당신이 표현한 것을 사람들이 이해하고 느끼고 상상할 수 있다면 잘 만든 콘텐츠다. 어떤 플랫폼을 사용하든 당신의 메시지가 제대로 읽힌다면 성공한 것이다. 이제 언어는 '생존'에만 머물러 있지 않다. 살아남기 위해서가 아니라 잘 살기 위해서 우리에게는 언어가 필요하다. 좋은 삶을 추구하는 언어는 그 자체로 좋은 콘텐츠다. 좋은 콘텐츠는 사람의 몸과 마음을 움직인다.

내가 편한 플랫폼이 좋다. 그 플랫폼이 아무리 유망하다고 한들 나에게 안 맞고 내가 올릴 것이 없다면 무용지물이다. 플랫폼을 선택할 때는 2가지 기준으로 선택하면 좋다. 말하고 싶은 욕구가 더 강한가, 보여주고 싶은 욕구가 더 강한가. 내 경우는 보여주고 싶은 욕구는 별로 없다. 이를테면 내 얼굴이나 모습을 보여주거나, 내 생활, 내가 가진 물건들, 내 가족들, 지인과 친구들, 내가 사는 집, 내가 가본 여행지, 내가 키우는 동식물 등 무언가 보여주고 싶은 사람들은 사진이나 동영상 촬영을 일상적으로 많이 한다. 나는 사진 자체도 잘 찍지 않거니와 그것을 했을 때 즐거움보다는 피로감을 더 느끼는 편이다. 물론 현재가 그렇다는 것이고 미래에는 어떻게 달라질지 모른다.

반면 말하고 싶은 욕구는 높은 편이다. 말하기 욕구와 더불어 생각도 많은 편이어서 종종 '머릿속을 물에 깨끗이 씻어버리고 싶다'는 욕망이 일기도 한다. 말하고 싶고, 생각이 많은 사람일수록 글쓰기를 하는 블로그가 적합하다. 넘치는 생각 때문에 삶이 피곤한 사람일수록 글쓰기로 머리를 비워줘야 한다. 집을 정리 정돈하듯 머리를 정리하면 깨닫게 될 것이다. 생각이 머릿속에만 머물 때는 쓸데없어 보였는데 적고 나니 나름 쓸 만하다는 것을. 만약 2가지 욕구가 동시에 강하다면 역시 블로그를 추천한다. 블로그에는 사진과 동영상 기능이 있어서 말하고 싶고 보여주고 싶은 욕구를 모두 충족할 수 있기 때문이다.

블로그 실습

1. 나는 글자, 말, 사진, 동영상 중 어떤 것을 자주 사용하고 편리하게 느끼는가?

2. 현재 내가 자주 이용하는 플랫폼은 어디인가? 그 플랫폼을 왜 자주 이용하는가?

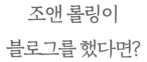

조앤 롤링이
블로그를 했다면?

조앤 롤링은
블로그를 했어야 했다

역사적으로 가장 많이 팔린 소설 『해리
포터』 시리즈는 조앤 롤링(Joan Rowling)을 1조 원 부자로 만들어주
었다. 조앤 롤링의 성공담은 희망이 필요한 어디에나 회자되기에
아마 모르는 사람은 거의 없을 것이다. 그녀의 성공담은 극적이
다. 총 3가지의 클라이맥스가 있다. 하나는 미혼 시절, 다니던 직
장마다 해고된 시기다. 두 번째는 결혼을 했는데 배우자가 폭력적
인 사람이어서 생후 4개월 된 아기를 데리고 이혼한 시기다. 세 번

째는 생계를 위해 평소 관심 있었던 소설을 가까스로 완성해 투고했는데 12군데 출판사에서 퇴짜 맞은 시기다. 이 엄청난 우여곡절을 겪고 탄생한 소설이 대흥행을 했기에 작품뿐 아니라 작가까지도 살아 있는 소설이 되어 두고두고 회자되고 있다. 자, 지금부터 내가 소설을 써보겠다. 만약 조앤 롤링이 글을 쓰고 싶은 원츠(wants)를 블로그에 풀었다면 어떤 일이 일어났을까?

• 가상 이야기 <블로거 조앤 롤링> •

- 상황

조앤 롤링이 처음으로 쓴 소설은 5살 때 동생을 위해 쓴 동화였다. 그녀는 어릴 때부터 작가가 꿈이었다. 하지만 부모님은 반대했다. 작가는 배고픈 직업이며 수입이 안정적이지 않다는 이유였다. 그녀는 부모님의 심한 반대로 원치 않은 대학과 원치 않은 직장을 다녔다. 근무 시간에 늘 공상을 하고 있고, 소설을 쓰다가 걸리기도 했다. 결국 해고를 당했다.

- 만약 블로그를 한다면?

블로그를 개설한다. 글 쓰고 싶은 욕망을 블로그에 푼다. 어릴 때 쓴 자작 동화도 소개하고, 단편, 장편 등 내가 원하는 대로 글을 쓴다. 관심사를 해소한 덕분에 회사 일에 집중할 수 있어서 해고를 당하지 않고, 블로그와 직장 생활을 병행한다. 독자들이 직접 피드백을 주기 때문에 작품의 완성도가 높아진다. 출간 제안을 받는다. 20대에 이미 소설가의 꿈을 이룬다. (10대에 시작했다면 더 빨리 이룰 수도 있다.)

어떤가? 극적인 고비가 별로 없어서 지금처럼 희망의 아이콘이 되지는 않을지도 모른다. 하지만 조앤은 행복했을 것 같다. 직장에서 잘리지 않아도 되고, 하고 싶은 일도 원하는 대로 할 수 있으니까. 결혼 전 이미 윤곽이 나와 있었던 원고를 굳이 묵혀둘 필요가 있을까? 책과는 달리 블로그는 엄청난 분량의 원고가 아니어도 발행이 가능하다. 출간은 큰마음을 먹어야 하지만 블로그는 분량을 N분의 1로 나눠 조금씩 연재하면 된다. 생활고에 시달리다 극단적인 생각까지 했다는 그녀의 인터뷰를 보고 착잡한 마음에 눈시울이 붉어진 적도 있다. 지금은 부자니까, 다 지나간 일이니까 인생의 고비들이 그녀의 정신력을 증명하는 계기로 해석될지 몰라도, 나는 젊은 조앤이 행복했으면 좋겠다. 불굴의 정신력이 있지 않아도, 천재적인 필력이 있지 않아도, 누구나 할 수 있으니까.

소통 방식이 바뀌면
성공 공식도 바뀐다

조앤 롤링은 12군데 출판사에서 거절을 당할 때 이런 말을 들었다고 한다. "글 분량이 너무 길어서 애들이 읽기는 힘들겠습니다." "남자아이들은 여성 작가가 쓴 책은 읽지 않을 겁니다." 출판사에 거절을 받고 다시 일어나는 것은 생각보다 쉬운 일이 아니다. 행여 "작가의 소질이 없다"라는 소리라도 듣는다면 더더욱 쉽지 않다. 혹평을 들으면서도 포기하지 않는 것은 평범한 사람이 해내기에 많은 의지력이 필요하다. 예전에는 출판사를 통하지 않고는 책을 내기가 힘들었다. 어느 출판사에서 내 글을 선택해줘야 작가가 될 수 있었다. 출판사를 통해야 내 글을 독자들에게 선보일 수 있는 것이다. 또한 출간을 하려면 많은 분량의 글을 완성해야 한다. 통상 250페이지 정도의 책이라면 A4용지 100장을 10포인트 글자 크기로 꽉 채워야 한다. 긴 분량을 쓰면서 통일성과 창의성을 발휘하는 것은 예비 작가에게 부담으로 작용하기도 한다.

하지만 이제는 출판사를 통하지 않고도 내 글을 독자들에게 선보일 수 있다. 산지 직송, 해외 직구처럼 내 글을 중간 단계 없이 바로 전송할 수 있다. 이렇게 글을 쓰면 독자들의 반응을 바로 확인할 수 있다. 독자의 반응은 동전의 양면과 같다. 호응이 많다면 힘이 나겠지만, 반대로 날것 같은 반응에 상처를 받을 수도 있다. 2가지 반응을 통해 냉탕·온탕을 오갈 것이 아니라, '내 글이 발전할 수 있는 공부를 하고 있다'고 생각하면 도움이 된다.

대표적인 사례가 김동식 소설가다. 그는 중학교 1학년 때 학교를 중퇴하고 여러 직업을 전전했다. 2006년 서울 성수동의 주물공장에 취직한 그가 도맡은 일은 400~500℃ 정도로 끓인 뜨거운 금속 액체를 국자로 떠서 500원짜리 동전보다 약간 큰 구멍 안에 붓는 일이었다. 당시 삶의 낙이 있었는데 바로 인터넷 커뮤니티의 글을 읽는 것이었다. 낮에는 일하고 밤에는 읽기를 반복하다

보니, 어느 날 문득 '나도 글을 쓰고 싶다'는 생각이 들었다. 일하는 시간을 창작의 시간으로 삼아 머릿속으로 생각하다 보면 퇴근할 때쯤엔 한 편이 완성되어 있었다. 집에 돌아가 씻지도 않고 바로 컴퓨터 앞에 앉아 매일 6~7시간씩 글을 썼다.

"글을 쓰면 그 아래 '재미있다' '정말 잘 쓰신다' 같은 댓글이 막 달리잖아요. 칭찬받는 그 느낌이 좀 민망하면서도 참 좋고 마음이 정말 따뜻해지더라고요. 저는 사람들이 제 글을 읽고 그 아래 댓 글을 달아주는 게 좋아서 글을 썼어요."[2] 그는 자신의 글쓰기 선생 님을 '댓글'이라고 말한다. 댓글은 내 글의 최초 독자가 남기는 반 응이다. 처음엔 맞춤법도 곧잘 틀렸고, 문장도 어설픈 경우가 많 았지만 댓글을 보면서 차츰 고쳐나갔다고 한다.

인터넷 커뮤니티에 올린 글을 모아 출간한 3권의 소설집 『회 색 인간』, 『세상에서 가장 약한 요괴』, 『13일의 김남우』가 연이어 화제를 모았고, 현재까지 900편이 넘는 초단편 소설을 썼다. 각 종 방송 출연과 영화, 애니메이션 등 2차 저작물 제작을 논의 중 이며, 해외에도 번역되어 읽히고 있다. 그는 2021년 출간한 『초단 편 소설 쓰기』 작법서에서, 내 글을 최대한 많은 곳에 동시다발적 으로 뿌려 독자를 모으라며, 가장 쉬운 방법으로 블로그 글쓰기 를 추천했다.

조앤 롤링의 시대와 김동식의 시대는 20년 차이가 난다. 예전 에는 성공의 공식이 일방통행이었다면, 이제는 양방통행이 된 듯

하다. 21세기의 새로운 언어를 통해 등용문이 다양해졌다. 육아 관련 학과를 졸업한 것도 아닌 내가 육아서를 4권이나 출간한 것만 봐도 그렇다. 블로그에 글을 쓰지 않았다면 나의 관심사와 공감대를 세상에 알릴 방법은 없었을 것이다. 세상이 지금 콘텐츠에 열광하는 핵심은 이것이 아닐까? 지금까지 없던 새로운 기회의 장이 열렸다는 것. 겉모습, 스펙, 이력서만으로 나를 증명해야 했던 시대에 이러한 변화는 우리에게 희망을 주고 있다. 나를 증명할 언어를 선택하라. 그것이 무엇이든 좋다. 세상은 당신을 알고 싶어 한다. 당신의 존재감을 친숙한 언어와 따뜻한 매너로 표현해 보자.

유명인이
블로그를 하는 이유

나는 2003년부터 방송국에서 일했다. 그때만 해도 개인이 방송을 한다는 것은 상상할 수도 없는 일이었다. 게다가 무료라는 것은 더더욱 상상할 수 없었다. 아프리카TV 같은 플랫폼이 있긴 했지만 대중적이지 않았다. 불과 10~20년 만에 세상이 뒤집힐 만한 변화가 일어난 것이다. 이런 말이 있다. "언론의 자유는 언론을 소유한 사람에게만 보장된다." 응용하자면, 인간은 표현의 자유를 위해 블로그를 하고 콘텐츠를 만드는 것이다. 원시 인류에게 언어가 생존 수단이었다면, 현대 인류에게 언어는 자기표현 수단이다.

나는 연예인이 블로그를 운영하는 현상을 보고 이 의미를 직관적으로 깨달았다. 언젠가 이효리가 블로그를 운영하는 것이 큰 화제가 된 적이 있다. 때는 2014년 5월이었다. 이효리는 그야말로 한 시대를 풍미한 슈퍼스타다. 그녀가 가만히 있어도 카메라가 그녀를 쫓아다니며 사소한 소식까지 전해준다. 그런 사람이 웬 블로그? 이효리는 자신의 소탈한 일상사를 블로그에 적기 시작했다. 농사짓는 이야기, 작물을 수확한 이야기, 반려견과 시간을 보낸 이야기 등은 슈퍼스타가 아니라 옆집 이웃 같은 친근함을 불러일으켰다.

이효리는 왜 블로그를 한 것일까? 나는 그녀의 책에서 힌트를 얻었다. "나는 지금에서야 진짜 아이콘이 되고 싶다. 겉모습이 아니라 내가 살아 있는 모습, 내 마음에 기반한 꽤 괜찮은 지표가 되고 싶어졌다. 지금의 삶이 행복하기 때문이다."[3] 출간 2년 후, 그녀는 마치 이 말을 실현하려는 듯 블로그에 글을 썼다. 블로그에 담긴 이효리는 '스타 이효리'가 아니라 '인간 이효리'였다. 그녀의 다짐대로 블로그 운영 후 그녀는 새로운 아이콘이 되었다. '섹시 아이콘'이 아니라 '삶의 아이콘'이 되었다.

나는 이효리뿐 아니라 SNS를 통해 자기표현을 하는 유명인을 자주 본다. 이제는 대기업 총수까지도 SNS에 자기표현을 한다. 언론에서 자기 이야기를 다루기 전에 먼저 자신의 손과 입으로 직접 자기 이야기를 하는 것이다. 누가 내 이야기를 잘못 다룰까 봐 걱정하는 대신, 내가 내 이야기를 직접 다룰 수 있는 시대가 된 것이다.

블로그가 모든 콘텐츠의
기본이다

이제 이야기가 좁혀졌을 것이다. 블로그는 언어 수단이며 존재감을 확인하고 자기표현을 하기 위해 쓰는 공간이다. 누가 내 이야기를 잘못할 것을 걱정하지 않아도 된다. 내가 내 입으로 나는 이런 사람이라고 말하면 되니까. 내 가치관, 세계관, 철학, 메시지를 모두 표현할 수 있다. 21세기형 언어는 자기표현의 언어다. 영상이 편하면 영상 언어로, 소리가 편하면 소리 언어로, 사진이 편하면 사진 언어로 자기표현을 하면 된다. 하지만 앞서 1장에서 글쓰기 연장 선택이 중요하다고 말했듯이 자기표현의 연장 선택도 중요하다. 자기표현을 하기에 편리하고, 왜곡될 가능성이 적으면서, 수정이 자유로운 플랫폼은 무엇일까? 아마 각자 다르겠지만, 내 생각에는 블로그가 최적이다. 이유는 다음과 같다.

유튜브를 예로 설명하겠다. 유튜브에 올리는 영상 한 편을 제작하려면 평균적으로 다음과 같은 과정을 거쳐야 한다.

아이디어 구상, 기획 → 섭외 → 촬영 콘티 → 촬영 → 편집 콘티 → 편집 → 대본 → 예고, 미리보기, 홍보

제작 방식에 따라 일부 달라질 수 있으나 이 과정이 기본이다. 즉흥적으로 떠오르는 대로 영상을 찍어 올리는 사람은 드물거니와 그렇게 하면 인기를 얻기 힘들다. 유튜브를 비롯한 모든 콘텐츠는 통일성을 지녀야 하고, 통일성은 계획적인 구성으로 탄생하는 것이기 때문이다. 영상 제작의 모든 프로세스에는 글쓰기가 필요하다. 기획을 할 때는 기획안을 쓰고, 촬영에 들어가기 전에는 촬영 콘티를 쓴다. 편집에 들어가기 전에는 촬영한 영상 소스를 하나하나 텍스트로 정리해 프리뷰 노트를 만든 다음, 이것을 기반으로 편집 콘티를 쓴다. 편집을 마치면 자막을 입혀야 하는데, 이 또한 글쓰기를 통해 자막을 미리 정리한 후에 편집기로 입히는 것이다. 편집 영상에 더빙이 들어가야 한다면 더빙 대본을 쓴다. 그 대본을 적재적소에 읽으면서 더빙을 입힌다. 출연자가 이야기를 하는 방식의 방송이라면 토크 대본을 써야 한다.

모든 작업이 끝난 것 같지만 그렇지 않다. 유튜브를 보면 방송 미리보기와 홍보를 위한 글쓰기 공간이 있는 것을 확인할 수 있다. 여기에 들어갈 글을 구상해야 한다. 유튜브는 영상이다. 하지만 영상을 만들기 위한 모든 작업에 글쓰기가 필수다. '나는 머릿속에 모든 기획과 대본이 다 들어 있다' 하는 사람이 아니라면, 글로 구상하고 기록하는 능력을 반드시 겸비해야 한다. 그렇지 않으면 콘텐

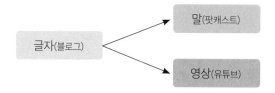

츠가 산으로 간다. 글쓰기를 연습하고 내가 생각하는 기획의 반응을 미리 살펴보는 의미에서 블로그를 먼저 시작하면 비교적 쉽게 콘텐츠 창작자의 길에 발을 들일 수 있다. 블로그에 원천소스가 있다면 영상 제작의 몇 가지 단계를 이미 처리하는 것과 같다.

원소스 멀티유즈로
확장하기 좋은 블로그

'원소스 멀티유즈(one source multi-use)'라는 말을 들어봤을 것이다. 앞 글자만 따서 'OSMU'로 불리기도 한다. 사전적으로는, 하나의 소재를 서로 다른 장르에 적용해 파급 효과를 노리는 마케팅 전략이다. 고추장 하나로 떡볶이, 고추장찌개, 비빔밥을 만들듯이 한 가지 소스를 다양하게 활용하라는 뜻이다. 대표적인 원소스 멀티유즈 사례는 캐릭터다. 아기상어 캐릭터가 전 세계 1위 유튜브 콘텐츠로 인기를 얻고 있다. 아기상어는 장난감, 문구, 의류 등의 제품, 또 다른 만화 시리즈, 이모티콘 등으로 파생된다. 아기상어라는 한 가지 소스로 다양한 활용을 하는 것이다.

앞서 소개한 '된다' 님의 솔직한 미용 만화 캐릭터도 블로그에서 인기를 얻은 후, 화장품과 〈된다! 뭐든!〉이라는 애니메이션 등으로 확장했다. 만약 당신이 캐릭터를 만들 수 있는 능력이 있다면 그 캐릭터로 블로그 연재를 하는 형식을 추천한다. 실제로 아동심리학자 정유진 님의 경우 '찹쌀떡가루'라는 닉네임으로 아동심리를 다룬 만화를 블로그에 연재 중이다. 10만 명 이상의 구독자가 생길 정도로 만화가 인기를 끌자, 찹쌀떡가루 님은 인스타그램으로 콘텐츠를 확장했다. 블로그에 연재하던 형식은 그림과 글이 혼용되는 방식이었다. 인스타그램에는 사진을 넘겨보면서 퀴즈를 풀거나 궁금증을 가지도록 가공했다. 현재 블로그 이웃은 약 18만 명, 인스타그램 팔로워는 약 6만 명이다. 찰떡이, 송편이라는 '떡 캐릭터'로 워크북 등을 만들어 3차 확장을 진행하는 중이다. 본인이 멈추지 않는 한 앞으로 N차 확장의 가능성은 무궁무진하다.

블로그 글은 예쁜 글자로 이미지를 만들어 인스타그램에 올리거나, 글을 그대로 읽어 영상이나 팟캐스트로 만들 수 있다. 실제로 요즘 동기 부여나 뉴스, 화제, 명상을 다루는 유튜브 중에 얼굴은 드러내지 않은 채 음성으로 글을 읽어 녹음한 후, 거기에 맞는 영상을 붙여 제작하는 경우가 많다. 만약 얼굴을 드러낼 수 있다면 온라인 강의를 하듯 직접 이야기를 해도 된다. 직접 이야기를 한 영상을 1분 이하로 편집하거나 스틸 컷을 활용해서 인스타그램에 올릴 수도 있다. 이렇게 하면 블로그에서 출발해 인스타그램과 유튜브에 동시 업로드가 가능하다. 글자 그대로를 가공하지 않아도 글의 핵심 메시지나 핵심 소재를 담은 2차 콘텐츠로 가공할 수도 있다. 예를 들어 블로그 글의 주제가 '우리 집 반려견은 사랑스럽다'라면, 유튜브 영상은 내가 쓴 글을 그대로 읽는 것이 아니라 반려견의 사랑스러운 모습을 담은 영상이면 충분하다. 블로그를 통해 원소스 멀티유즈를 실현한다면 각 플랫폼에 맞게 어느 정도 가공은 해야겠지만 맨땅에 헤딩하는 수고는 덜 수 있다.

성공한 유튜버는
왜 책을 쓸까?

"박막례 여사의 인생 역전 이야기에 벌렁벌렁 내 심장도 나댄다. 할머니 오래오래 사세요."

유튜버 박막례 할머니께서 구독자 80만 무렵에 출간한 『박막례, 이대로 죽을 순 없다』를 읽다가 내가 SNS에 남긴 글이다. 당시 나는 박막례 할머니를 알지만 구독자는 아니었다. 100만 조회 수가 터져 이틀 만에 18만 구독자를 모은 '치과 갈 때 메이크업' 영상을 잠시 재미나게 봤을 뿐이었다. 나는 이 책을 읽고 여사님의 유튜브를 구독했다. 책에는 내 어머니, 내 할머니의 이야기가 고스란히 녹아 있었다.

할머니는 어린 시절에 여자라는 이유로 교육의 혜택을 받지 못했다. 친구의 소개로 결혼을 했는데 남편은 총각 행세를 하고 다니며 급기야 집에 들어오지 않았다. 혼자 세 아이를 기르며 안 해본 일이 없다. 낮에는 파출부 일을 두 집, 세 집씩 하고, 밤에는 식당 일을 해가며, 떡 장사, 엿 장사… 그 좋아하는 단감 하나도 못 먹고 억척스럽게 사셨다. 가까운 사람에게 큰 사기를 두 번이나 당했다. 신이 있다면 이럴 수 있을까. 원망할 틈도 없이 팍팍한 삶은 내달렸고 어떻게 살아왔는지도 까마득한데 벌써 나이 70세. 하늘도 무심하시지. 치매 위험 진단을 받았다. 평생 고생만 한 할머니가 가엾어 손녀는 퇴사를 하고 할머니와 단둘이 호주로 여행을 떠났다. 이 여행이 박막례 여사의 70년 인생을 부침개 뒤집듯 완전히 뒤집어버렸다. 손녀는 그저 여행을 다녀왔으니 가족들 즐겁게 보라고 만든 영상이었는데 이것이 발전을 거듭하더니 대박이 터졌다. 할머니 자체가 순수하고 개성적이며 흡인력 있는 인물이기 때문이었으리라. 그리고 손녀의 사랑과 열정이 영상에 한 땀 한 땀 녹아들어 있었기 때문이었으리라. 나는 호주 영상부터 역주행해서 보기 시작했다. 할머니의 인생사를 이해하고 나니 허투루 지나칠 말씀이 한마디도 없었다. 그렇게 팬이 되어버렸다.

소위 대박이 터졌다는 유튜버들은 책을 쓴다. 왜일까? SNS의 언어는 파편화되어 있다. 과자를 먹듯 5~15분의 짧은 시간에 문화 콘텐츠를 소비한다고 해서 '스낵 컬처(snack culture)'라고도 한다. SNS의 언어는 짧은 호흡으로 강렬한 인상을 남기는 구조로 생성하게 마련이다. 그래야 눈길을 사로잡기 때문이다. 박막례 할머니의 유튜브 콘텐츠 제목과 영상 길이를 보자.

- 박막례 할머니의 욕 나오는 호주 케언즈 여행기(3분 30초)

- 71년 만에 생애 첫 요가 도전(4분 41초)

- 파스타를 처음 먹어봤어요(3분 59초)

- 치과 들렀다 시장 갈 때 메이크업(7분 41초)

- 손주 귀 파주기, 웃겨서 못 잘 수도 있음(4분 31초)

- 박막례의 꿈(3분 39초)

- 진짜로!!!! 받고 싶은 추석 선물은?(6분 31초)

　　박막례 할머니의 팬으로서 매회 영상을 집중해 시청하면서 그녀의 생애에 애써 관심을 두고 귀 기울이지 않는 이상, 한 사람이 살아온 삶의 맥락과 서사를 알기는 불가능에 가깝다. 특히 영상은 안에 무슨 내용이 있는지 미리 훑어보기가 어려워서 초반에 흡인력을 발휘하지 않으면 시청자를 잡아두기가 쉽지 않다. 유튜브는 알고리즘 추천에 기반한 플랫폼이기에 AI가 추천해주는 대로 또 다른 매력적인 영상을 찾아 바쁘게 떠나는 생태계다. SNS에 올려진 콘텐츠는 조각 케이크처럼 가장 매력적인 부분만 예쁘게 진열해놓은 것이다. 하지만 조각 케이크는 원래 케이크였다. 조각조각을 모아 통합된 본연의 내 모습을 이야기하고 싶어 책을 쓰는 건 아닐까?

나는 『럭키』를 읽고 '김작가TV'의 김도윤 작가에게 존경심이 생겼고, 『킵고잉』을 읽고 신사임당을 응원하게 되었다. 이들은 책을 쓰고 더 잘되고 있다. 책을 쓴다는 생각으로 블로그를 해보자. 책을 N분의 1로 나눠 서술하면 블로그가 된다. 블로그는 책처럼 맥락과 서사를 담을 수 있다. 대단한 인생을 살지 않았더라도 자기 맥락으로 자기 서사를 쓰는 경험은 소중하다. 내 삶을 이야기하는 블로그 글쓰기를 오늘부터 시작해보자.

필력이 부족해서인지
대본 쓰기가 너무 어려워요

나는 네이버 오디오클럽에서 엄마 DJ들과 함께 라디오 방송을 꾸리고 있다. 방송작가 시절의 경험이 큰 도움이 된다. 방송을 운영하면서 그녀들이 반복적으로 호소하는 어려움은 역시 글쓰기다. "소재는 잡았는데 글을 못 쓰겠어요. 10분 동안 무슨 말을 해야 하죠?" "대본 쓰기가 너무 어려워요." 글을 쓰기가 어려운 이유는 여러 가지가 있겠지만 나는 대개 이 방법으로 타개하라고 말한다. "글쓰기는 자료 조사의 승부예요. 자료 조사를 충분히 하셨나요?" 이렇게 물어보면 대부분 자료 조사를 못 했다고 말한다. 하지만 자료를 찾아보고 나서는 이런 물음이 쏙 들어간다. 대본뿐 아니라 블로그 글쓰기도 마찬가지다. 내가 생각하는 자료 조사법은 간단하다.

글쓰기 자료 조사법

1. 주제를 정한다.
2. 자료 조사를 한다.
3. 자료를 모은다.
4. 자료를 이어서 이야기를 만든다.

이게 순서다. 망망대해에서 내 머리만 믿고 글을 건져내기란 쉽지 않다. 전문적인 글을 19년간 쓴 나조차도 자료를 찾아보지 않으면 글이 제대로 나오지 않는다. 글이라는 것은 세상에 널린 재료를 내 손으로 요리하는 것이다. 감자가 백종원 셰프에게 가면 감자전이 되고, 이연복 셰프에게 가면 중국식 감자채 무침이 되는 것처럼, 글도 그렇다. 감자 같은 원재료는 세상에 널렸다. 무에서 유를 창조하려 애쓰지 말고 이미 있는 것에 새로운 의미를 부여하라. 우리는 에디슨이 아니다. 심지어 에디슨도 무에서 유를 창조한 것이 아니라 이미 있는 것을 발견해서 자신만의 시각으로 발전시켰다. 세상에 이미 있는 소재를 내 방식으로 바꿔서 말해보라.

• 화제를 내 방식으로 푸는 글쓰기의 예 •

"오늘 유튜브에서 ○○이 화제인데요. 여러분은 보셨나요? 어떠셨어요?

못 보신 분들을 위해서 간략하게 내용을 말씀드리자면, ~~. 그걸 본 제 생각은(제 감정은) ~~. 오늘의 결론은 ~~입니다."

세상의 화제를 내 방식으로 블로그에 쓰다 보면 내 일상을 적은 글보다 트래픽(traffic)이 높을 때가 많다. 트래픽이란, 일정 시간 내에 흐르는 데이터의 양, 전송량을 말한다. 글을 읽는 사용자의 수와 데이터 사용 시간이 높다는 뜻이다. 이러한 연습은 인기 있는 블로거가 되는 글쓰기 트레이닝이 될 수 있다. 매번 이렇게 하라는 것은 아니다. 소재가 막히거나 글이 안 풀릴 때 이런 발상을 해보라는 것이다. 열심히만 하다 보면 어느새 생각의 폭이 좁아지는 나를 느낀다. 하나에만 매몰되기도 한다. 대충하자는 생각으로 '이거 해볼까? 이건 어떨까?' 공상을 떠올려보는 것도 도움이 된다. 거창한 것보다 가벼운 발상에서 오히려 더 좋은 결과가 나오기도 한다.

내가 블로그에 쓴 글 중에 반응이 좋았던 것도 대부분 일상의 작은 소재들이었다. 시시해 보이는 소재일수록 일상에 근접해 있기 때문에 공감 가는 글이 나올 확률이 높다. 한번은 내가 너무 이상해서 이런 글을 쓴 적이 있다. "저는 온종일 집에 있었는데 왜 밤만 되면 발바닥이 시커먼 것일까요?" 이 글에 댓글이 폭발적이었다. 자기도 그렇다는 것이다. 너무 신기하고 재밌어서 키득거리며 잠든 기억이 난다. 공상에만 그치지 말고 그 공상의 키워드를 인터넷 검색창에 쳐보자. 의외로 내 공상이 꽤 생산적이라는 것을 깨닫게 되고 이는 곧 글로 발전하게 된다.

나는 글 쓰는 사람 중에 "내 글은 완벽하다. 나는 글을 잘 쓴다"고 말하는 사람을 단 한 명도 본 적이 없다. 심지어 경력 30년이 넘는 방송작가 선배들도 "왜 글은 쓸 때마다 새로울까? 쉬운 적이한 번도 없어"라고 말한다. 대개의 글쓴이는 자신의 글이 구리거나 어딘가 부족하다고 말한다. 누구라도 자기가 쓴 글을 의심하기마련이다. 사실 이런 글쓰기의 속성 덕분에 사람은 글쓰기로 자기성찰과 자기 성장을 할 수 있는 것이다. 글쓰기가 잘 안될 때 필력탓은 별로 도움이 되지 않는다. 필력이라는 말 자체가 마치 타고난 능력처럼 느껴지기 때문이다. 이 말은 곧 "나는 타고난 글재주가 없으니 결국 글을 못 쓸 거야"라고 자기 최면을 거는 것이나 다름없다. 단언컨대 글쓰기는 재능이 아니라 노력이다. 나는 DJ들과 회의를 할 때 종종 이런 말을 한다. "당신의 생각을 방송하세요. 그리고 생각이 빈약하다면 자료 조사와 공부를 하세요. 롤 모델의안목을 배우세요. 그러면 방송을 하면서 나도 같이 성장합니다." 당신에게도 이 말을 전해주고 싶다.

4장

●

블로그 글쓰기
시작하기

비록 우리 인생이 언제나 선명한 것은 아닐지라도,
명확하게 인생을 표현해보는 것이 좋다.

– 나탈리 골드버그[1]

블로그
시작 설명서

여기까지 진지한 태도로 내용을 흡수한 분이라면, 이제 본격적으로 블로그에 로그인하고 싶을 것이다. 지금부터 블로그 주제와 이름도 정해보고, 어떻게 써야 막히지 않고 글을 완성할 수 있는지 하나씩 알아보겠다. 먼저 블로그의 큰 틀은 다음과 같다.

　1단계, 블로그를 하는 이유를 생각해본다. 2단계, 주제와 콘셉트를 정한다. 3단계, 꾸준히 글을 쓴다. 4단계, 이웃들과 소통한다. 4단계 중에 덜 중요한 것은 없다. 단계별로 자세히 살펴보자.

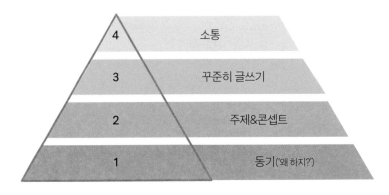

4	소통
3	꾸준히 글쓰기
2	주제&콘셉트
1	동기('왜 하지?')

Step1. 동기:
블로그를 하는 이유

우리는 완전 정보 시대에 살고 있다. 제품은 상향 평준화되어 품질로 차별화를 두기 힘들다. 요즘은 물건이 필요해서 산다기보다 그 물건을 사야 하는 '이유'가 있어야 산다. 기업 마케팅뿐 아니라 삶에도 이유가 중요해졌다. 블로그를 오래 하는 사람들을 보면 공통점이 있다. 자기만의 이유가 있다는 점이다. 나도 그랬다. 블로그를 시작할 때 나의 'why'는 이랬다. '내 마음을 표현하고 싶다. 내가 존재할 곳이 필요하다. 내가 살기 위해서 변화가 필요하다.'

꾸준함의 비밀은 자기만의 이유, 즉 내적 동기다. '무엇을 어떻게 할까'가 아니라 '왜 하는지' 자기 신념부터 확립해보자. 무엇을 하고자 하는 마음이 부싯돌이라면 왜라는 신념은 불씨를 일으키는 불꽃이다. 신념이 있는 상태에서 지르면 지름길이 보인다. 다음은 블로그를 하는 이유에 대해 수강생들이 말한 답변이다. 힌트를 얻길 바란다.

- 내가 좋아하는 것을 기록하고 싶다.

- 나를 알아가고 싶다.

- 나를 표현하고 싶다.

- 내 마음을 글로 정리하고 싶다.

- 내가 하는 일을 알리고 싶다.

- 나와 관심사가 비슷한 사람들과 소통하고 싶다.

- 내가 아는 좋은 정보를 공유하고 싶다.

- 좋은 정보를 공유받고 싶다.

- 글쓰기를 잘하고 싶다.

- 다른 사람을 돕고 싶다.

Step2. 주제&콘셉트:
어떤 주제와 콘셉트로 할까?

블로그는 주제에 따라 글을 쓴다. 주제 선정법은 다양하다. 주제 선정이란 곧 어떤 분야의 글을 주로 쓸 것인지를 결정하는 것이다. 멀리 본다면 '나는 어느 분야에서 내 이름을 알릴까?'의 문제이기도 하다. 주제는 내가 좋아하고 잘 아는, 혹은 잘 알고 싶은 분야로 정하자. 전문성을 키우고 퍼스널 브랜딩을 원하는 사람이라면 한 가지 주제의 통일성 있는 원 포인트 (one point) 블로그가 적합하다.

네이버는 32개의 주제를 제시하고 있다. 간헐적으로 업데이트를 통해 신규 주제가 생기기도 한다. 다음 표를 보고 첫눈에 들어오는 3가지를 꼽아보자. 그중에 '이건 잠자려고 누워서도 생각나' '이걸 못 하게 하면 나는 못 견딜 거야' 하는 것이 있는가? 그렇다면 고민할 필요 없이 그것으로 하라. 만약 고민된다면 이번 장에서 주제 정하는 법을 자세히 알아보자.

| 네이버 블로그가 분류한 32개 주제 |

엔터테인먼트·예술	생활·노하우·쇼핑	취미·여가·여행	지식·동향
문학·책 영화 미술·디자인 공연·전시 음악 드라마 스타·연예인 만화·애니 방송	일상·생각 육아·결혼 애완·반려동물 좋은 글·이미지 패션·미용 인테리어·DIY 요리·레시피 상품 리뷰 원예·재배	게임 스포츠 사진 자동차 취미 국내 여행 세계 여행 맛집	IT·컴퓨터 사회·정치 건강·의학 비즈니스·경제 어학·외국어 교육·학문

Step3. 꾸준히 글쓰기:
어떤 글을 얼마의 간격으로 쓸까?

어떤 글을 쓸 것인가

잘 쓴 글이란 수려한 문체나 수사적 기교를 잘 부린 글이 아니라, 하고 싶은 말이 우러나와서 쓴 글이다. 블로그에서는 하고 싶은 말을 여러 도구로 표현할 수 있다. 스토리텔링에서 '텔링'의 도구가 다채롭다. 시, 소설, 수필, 설명문, 논설문, 기사문, 광고문 등 문학과 비문학을 모두 표현할 수 있고, 시각 자료를 자유롭게 사용해도 되기 때문이다. 때로는 시각 매체가 주연, 글이 조연 역할을 하기도 한다. 내가 가진 자원을 활용해 어떤 표현도 가능한 것이다. 따라서 반드시 '글'을 쓰겠다기보다는, 블로그에서 제공하는 언어 도구로 나의 메시지를 자유롭게 표현해보겠다는 생각으로 접근해보길 바란다.

┃ 블로그 글은 허용 폭이 넓다 ┃

문학·비문학	그림 (일러스트, 포토샵, CG 등)
동영상	사진

→

글 + 그림 글 + 동영상 글 + 사진 : 다양한 응용 가능

텔링 문법	블로거	소개	블로그 주소
글	이석원	작가이자 가수인 이석원의 진솔한 글을 만날 수 있는 '글을 위한 글'을 추구하는 블로그	blog.naver.com/dearholmes
글+그림	찹쌀떡가루	아동심리 전문가로서 그림으로 아동심리와 육아법을 표현한 블로그	blog.naver.com/dbwlsl0307
글+사진+동영상	입질의 추억	취미로 시작한 낚시 이야기를 블로그에 연재하면서 어류 칼럼니스트가 된 생생한 기록이 담긴 블로그	blog.naver.com/slds2
글+사진	낭만닥터SJ	간담췌 외과 전문의이자 여행과 맥주 이야기를 기록하는 블로그	blog.naver.com/cityhuntorr
글+사진	꿈꾸는 할멈	60세에 블로그를 시작한 30년 경력 요리 전문가의 요리 블로그	blog.naver.com/yoriteacher

얼마의 간격으로 쓸 것인가

블로그 입문자들 사이에서 '1일 1포스팅'이 반드시 지켜야 하는 규칙으로 자리 잡은 것 같다. 1일 1포스팅의 표면적인 이유는 애드포스트라는 광고를 달기 위해서다. 블로그 운영 90일 이상, 포스팅 50개 이상, 일일 평균 방문자 100명 이상이라는 조건을 충족해야 하기 때문이다. 매일 쓰는 것은 좋다. 하지만 꼬리가 몸통을 흔드는 '왝더독(wag the dog) 블로그'가 되지 않으려면 1일 1포스팅의 의미를 광고 달기에 국한하지 않길 바란다.

나도 수강생들에게 1일 1포를 추천하는 편이다. 이유는 2가지다. 첫째는 리듬이다. 매일 글을 쓰다 보면 블로깅에 리듬이 생긴다. 실력 있는 선수들의 공통점을 아는가? 바로 리듬이다. 리듬을 지배하는 자가 경기를 지배한다는 말이 있을 정도로 리듬은 선수의 역량을 좌우한다. 오죽하면 리듬 트레이닝이라는 훈련법이 따로 있을 정도다. 리듬은 몸에 힘을 빼고 즐길 때 만들어진다. 블로그 리듬을 기를 수 있다면 3일 1포, 7일 1포여도 된다. 하지만 30일 1포, 365일 1포로는 리듬이 생기기 어렵다. 리듬은 연속성에서 비롯되기 때문이다. 그러므로 매일 써야 한다는 부담감보다는 나만의 리듬을 추구해보자. 블로그에 리듬이 흐를 때 비로소 블로그를 즐길 수 있다.

1일 1포를 추천하는 두 번째 이유는 글쓰기 연습을 위해서다. 글은 자주 써야 는다. 이것은 너무 당연해 보여서 고리타분하게 들리기 십상이다. 하지만 자주, 많이 써야 느는 것은 진실이다. 만약 매일 쓰기가 부담이 된다면 문소영 기자처럼 해도 된다. 그녀의 블로그에 가보면 (10년 넘게 운영했기에 매달 평균치를 내기는 어렵지만) 최소 매월 5~10편은 글을 쓴다. 글마다 정성스럽고 전문적이다. 매일 쓰지 못하더라도 일정한 간격으로 글 한 편에 정성을 기울여보자. 이 정성이란, 내 나름의 정성이다. 남들이 보기에 멋져 보이는 글이 아니더라도 내가 흡족하면 된다. 글 한 편을 쓸 때 시간 제한을 두는 것도 글쓰기에 도움이 된다. 마감일 없이 막연하게 쓰는 글보다 마감일이 명확한 글에 집중력이 높아진다.

Step4. 소통:
블로그의 본질은 소통

블로그를 하면서 낯선 이로부터 받은 최초의 댓글은 이 말이었다. "이거 아주 좋네요. 좋은 정보 고맙습니다. 주문하러 갑니다." 등산 배낭처럼 생긴 아기 캐리어를 소개한 글이었다. 내가 써보고 좋아서 사용 후기를 올렸는데 내 글을 보고 구매하러 가겠다고 했다. 내가 좋아서 남긴 기록을 보고 누군가가 구매 결정을 하기도 한다는 걸 처음 경험했다. 결코 허투루 글을 써서는 안 되겠구나, 책임감이 느껴졌다. 여기서 '허투루'란 어림짐작하는 정보나 책임질 수 없는 글이다. 나는 허투루 쓰지 않기 위해 좋은 사람에게 좋은 내용을 전하고 싶다는 마음으로 글을 쓴다.

60세에 블로그를 시작한 '꿈꾸는 할멈' 김옥란 님은 혼자 보려고 8시간 동안 사투를 벌이며 처음으로 블로그에 글을 썼다. 그런데 다음 날 블로그를 보고 깜짝 놀랐다고 한다. 무려 8명이나 방문한 것이다. 음식점을 운영하는 사람에게 8명이라는 숫자는 결코 적은 방문객이 아니었다. 글 한 편 있는 블로그에도 다녀가는 사람이 있다는 생각이 들자, 블로그에 더 공을 들이게 되었다. 그렇게 9만 명의 이웃이 생겼다. 블로그는 소통 플랫폼이다. 잘되는 블로그를 보면 공통점이 있다. 사람이 보인다는 것이다. 사람이 오며 가며 이야기를 나누고 사람의 이야기가 쌓인다. 사람을 전제로 글을 쓰고 나에게 인사하는 사람에게 따뜻한 인사를 건네자. 좋은 소통은 서로에게 시너지가 되고, 때로는 창작의 밑거름이 되기도 한다.

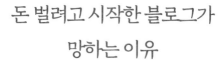

돈 벌려고 시작한 블로그가
망하는 이유

수익형 블로그가
유령 블로그가 되었어요

　　　　　　　한 블로거가 있었다. 그가 블로그를 시작한 동기는 다음과 같았다. "블로그를 하면 돈을 벌 수 있으니까." 당시 블로그의 대세는 맛집 블로그였다. 이를 따라 자신도 맛집 블로그를 만들었다. 처음에는 열심히 글을 썼다. 블로그에 올리기 위해서 맛있는 식당을 탐방하고 사진도 정성 들여 찍었다. 그런데 맛집에 맨날 갈 수 있는 건 아니었다. 맛집에 안 가는 날은 블로그에 쓸거리가 없었다. 그렇게 한 달을 쉬었다. 그다음에는 여행을 다녀와서 블로그에 올렸다. 그다음에는 물건을 사고 글을 올렸다. 그렇게 운영하다 보니 쌓인 글은 아무런 관련성이 없고, 글을 쓰는 주기는 한 달에 한 번 혹은 석 달에 한 번으로 점차 간격이 길어졌다. 그는 자신의 블로그를 '유령 블로그'라고 부르며 내버려두었다.

그가 나를 찾아왔다. 5년여를 방치한 블로그를 심폐 소생술하고 싶다는 것이었다. 나는 의사가 아니다. 의사라도 죽은 블로그를 살려낼 수는 없다. 내가 집중한 것은 질문이었다. 나는 물었다. "Why, Why, Why?" 왜 블로그를 시작했는지, 왜 유지하기 힘들었는지, 왜 되살리고 싶은 건지. 또다시 계속 물었다. "Who, Who, Who?" 당신은 누구냐고, 당신은 어떤 성향이냐고, 당신은 무얼 좋아하고 원하냐고. 몇 개월 동안 묻고 답하기를 반복했다. 질문의 답을 함께 찾아가는 이 과정은 꽤 재밌었다. 현재 유령 블로그는 패션 블로그가 되었다. 이제는 나보다 더 재미나고 꾸준하게 블로그를 한다. 소통을 원하는 이웃들도 자연스럽게 늘어나 두 자릿수이던 구독자가 3천 명을 넘어섰다. 이후 패션 아이템 판매와 제휴 홍보를 통해 조금씩 수입도 얻고 있다.

유령 블로그는 심폐 소생술을 할 필요가 없다. 생명이 위독한 것이 아니라 그저 멈춰 있을 뿐이기 때문이다. 아무 일 없었다는 듯이 이어가면 된다. 그런데도 많은 이들이 자기 블로그를 '망했다' '새 블로그를 만들어야겠다'라며 더는 손쓸 방법이 없는 것처럼 여긴다. 돈 벌려고 시작한 블로그가 망하는 이유는 돈 때문이 아니다. 자본주의 사회에서 돈을 벌고 싶다는 마음을 부정하는 건 이율배반적이다. 그런데도 블로그가 내 마음대로 안 되는 이유는 동기에도 목적에도 내가 없기 때문이다. '남들이 하니까'가 동기고, '돈을 번다고 하니까'가 목적이다. 주제도 남이 정해주었고, 이유도 남이 정해주었다. 남이 운전하는 자동차에 동승한 격이다. 나에게는 주도권도 주체성도 없다. 그러니 갈피를 잡기 어려울 때 남의 도움이 없이 혼자 하기가 막막해진다. 이유를 불문하고 블로그의 중심에는 '나'를 놓길 바란다. 블로그의 핸들은 내가 잡아야 한다.

마케팅이 어려울수록
블로그에 진심을 담아라

2011년, 러시아에 사는 20대 청년 표도르 오브치니코프(Fyodor Ovchinnikov)는 건물 지하에 작은 피자 가게를 창업했다. 전화기 한 대와 오븐만 갖춘 간소한 가게였다. 10년 후 그의 피자 가게는 러시아에서 가장 큰 피자 체인점이 되었다. 중국, 미국 등 전 세계 12개국에 705개 지점이 있다. 미국 미디어그룹 블룸버그는 그를 '러시아 피자왕'이라고 부른다. 믿을 수 없겠지만 그는 자신의 성공 비결을 블로그라고 말한다. 블로그에 창업 일기를 쓰면서 자신의 비전과 진정성을 알리고 투자를 받았다. "앞으로 어쩔 셈이냐고요? 일단 1년은 이 가게에만 집중할 계획입니다. 레시피와 메뉴를 개발해 프랜차이즈를 내더라도 맛을 유지할 수 있도록 표준을 만들 겁니다. IT 시스템도 계속 개발해야죠. 확신이 생기고 자금이 모이면 확장할 겁니다."[2] 일상의 이야기도 나누었다. 그의 블로그를 보던 사람들은 마치 자신이 창업한 것처럼 공감하고 응원했다. 특히 예비 창업자들이 그를 따르면서 블로그는 인재 채용의 채널이 되었다. 그는 언행이 일치했다. 블로그에 쓴 비전을 실제로 시도하고 도전했다. IT 기술을 입힌 최첨단 피자 시스템을 원했던 그는 실제로 그렇게 만들었다.

국내에도 비슷한 사례가 많다. 대표적으로, '고기리 막국수'의 김윤정 대표[3]가 있다. 사실 나는 김 대표가 운영하는 국숫집의 단골이자 팬이다. 어머니께서 막국수 마니아라서 전국에 안 다녀본 막국수 집이 없다고 해도 과언이 아닌데, 이 집 막국수는 돌아서면 또 먹고 싶을 만큼 맛있다. 대기 시간은 족히 1시간이다. 고기리 막국수는 굶주린 배로 가게를 찾다가는 쓰러질 것처럼 외진 곳에 있다. 굽이굽이 들어가야 찾을 수 있는 후미진 가게 마당에 대기 손님이 북적거린다. 어찌 이렇게 손님이 줄을 잇는지 신기하기만 하다.

2012년 창업 당시, 지인들도 개미 한 마리 안 다니는 여기에서 어떻게 장사를 하냐며 걱정했다고 한다. 김 대표는 블로그에 국수 일기를 썼다. 처음에는 "저희 집 국수 맛있어요" 하면서 국수 사진을 올렸다고 한다. 그런데 더 이상 쓸 밀이 없었다. 무얼 쓸까 고민하던 그녀는 막국수를 좋아하는 사람들의 취향이 떠올랐다고 한다. 그래서 손님들이 막국수를 자기 입맛에 맞게 해 먹는 각자의 취향을 기록하고, 전국에서 맛있다는 막국수 집의 리뷰를 올렸다. 막국수를 좋아하는 사람들이 블로그에 모이기 시작했다. 음식에는 진심을 다했다. 대표 메뉴인 들기름 막국수를 보면 그 진심이 느껴진다. 들기름의 풍미를 살리기 위해 매일 갓 짠 들기름을 공수하고, 고향에서 맛본 김 본연의 맛을 살릴 수 있는 김을 사용한다고 한다. 음식의 진심과 블로그의 진심이 어우러졌다. 한 그릇을 겨우 팔던 가게는 8년 후 하루 방문객 1천 명 이상, 연 매출 30억 원 이상의 가게로 성장했다. 자신의 창업기를 담은『작은 가게에서 진심을 배우다』라는 책도 출간했다. 그녀는 사인을 원하는 고객에게 이렇게 적어준다고 한다. "당신의 진심이 기록되어 세상에 전해지기를 응원합니다."

빅데이터 전문가 송길영은 자신의 저서『그냥 하지 말라』에서 앞으로 사람은 '고민의 총량'을 팔게 될 것이며, 고민의 총량이란 내가 했던 시도의 총합이라고 했다. 블로그는 고민의 총량을 담기에 안성맞춤이다. 나의 고민, 시도, 소신, 숙고의 시간을 겹겹이 쌓을 수 있다. 그러므로 필요한 것은 2가지다. 진정성과 진득함. 내 시간을 할애할 만한 주제를 택하고, 진정성 있는 태도로 진득하게 지속하는 것이다.

블로그의
4가지 종류

솔루션형
블로그

솔루션형은 사람들의 문제를 해결해주는 블로그다. 사용자들이 선호하는 형식이자, 검색 엔진 기반인 블로그에도 적합한 형식이다. 사람들은 왜 블로그 검색을 할까? '알고 싶다' '가고 싶다' '하고 싶다' 같은 해결하고 싶은 문제의 해법을 찾기 위해서다. 사람들은 내 콘텐츠에 관심이 없다. 전설의 광고 전략가 데이비드 오길비(David Ogilvy)의 명언처럼, 사람들은 나를 얼마나 아름답게 만들어줄지, 나의 고통을 얼마나 덜어줄지, 나를 얼마나 더 가치 있게 만들어줄지'⁴에 관심이 있다. 발등에 떨어진 문제를 해결하려고 검색을 했는데 '~~하는 법' 하고 내 문제를 콕 찍은 글이 나타나면 은인을 만난 기분이 든다.

솔루션형 블로그는 문제에 처한 사람에게 도움을 주는 것이다. 그러려면 어떻게 해야 할까? 정보가 개방된 시대이기 때문에 검색만 해도 찾을 수 있는 1차원적인 정보보다는 내 경험을 살린 글이 훨씬 좋다. 잘되는 솔루션형 블로그를 보면, 전문성과 경험치가 균형 있게 담겨 있다. 지식만 있고 경험은 없으면 교과서적인 조언에 그치기 쉽고, 경험은 있는데 지식이 없으면 개인적인 경험을 일반화하는 우를 범할 수 있다. 운전면허 이론시험 만점자가 실제 운전자에게 살아 있는 해법을 주기 어려운 것처럼, 전문적인 정보에 살아 있는 경험을 덧붙여 '나만의 해법'을 써보자. 내 글을 통해서 누군가가 도움을 받았으면 좋겠다는 마음을 글에 담으면 된다.

'문제해결의 스타'인 아동상담 전문가 오은영, 외식사업 전문가 백종원의 해결 방식을 보면 인간미가 있다. 솔루션은 사람을 향해야 한다. '그 문제로 곤란했을 때 내 기분은 이랬어. 그때의 내게 어떤 말을 해주면 좋을까?'를 떠올려 글로 표현해보자. 자기 자신을 인용하는 솔루션은 상대방에게 울림을 준다.

매거진형
블로그

매거진형은 잡지처럼 정보를 알려주는 블로그다. '떡볶이의 역사를 아시나요?' '2022년 공공분양 일정 정리' '직장인들이 사무실에서 하면 좋은 운동 3가지' '죽기 전에 꼭 가봐야 할 국내 여행지' 등 알아두면 쓸데 있는 정보를 다룬다. 한 가지 주제의 통일성 있는 정보를 담아보자. 관심사가 주식 투자라면 환율, 주요 경제뉴스, 최신 증시 화제 등을 쓸 수 있을 것이다. 자신에게 도움 되는 정보가 타인에게도 도움 되는 정보다. 사용자를 만족시키겠다는 관점도 필요하지만, 자신에게 우선적으로 필요한 정보를 찾아보자.

매거진형 블로그를 운영할 때는 시의성을 반영하는 것이 좋다. 시의성이란, 계절, 이슈, 사회적 분위기 등에 걸맞은 것을 말한다. 예를 들어 글을 발행하는 시점은 한여름인데 아무도 관심 없는 보온제품에 대해 포스팅을 한다면 관심을 얻기 힘들다. 계절성 소재는 계절이 오기 전 반 발짝 먼저 포스팅하자. 여름이 오기 전에는 휴가지, 다이어트, 자외선 차단제품, 제습제품, 겨울이 오기 전에는 신학기나 교육 정보, 보온·단열제품, 가습제품, 탈모, 건조한 피부에 대한 정보 등 매년 계절마다 돌고 도는 단골 소재들이 있다.

잡지나 TV 데일리 정보 방송의 12개월 치 아이템을 분석해보면 도움이 된다. 롱테일(매년 반복되거나 상시적으로 찾는) 소재와 숏테일(지금 화제가 되는) 소재를 7 대 3 정도로 적절히 배분해 유익한 정보를 공유하는 것이 포인트다. 숏테일 소재에만 치중하면 휘발성 글만 쌓이게 되므로 주의해야 한다. 정보는 올바른 내용을 담은 최신 정보여야 한다. 정부기관 사이트나 공신력 있는 채널의 정보를 이용하자. 요즘은 '카더라 통신'과 가짜뉴스가 많기 때문에 출처가 불분명한 정보를 공유하지 않도록 한다. 소재는 내 주변에서 찾자. 지금 내가 관심 있는 '그것'이 좋은 소재다.

챌린지형
블로그

챌린지형은 도전 과정을 기록하는 블로그다. 블로그에 도전을 기록하면 인간은 시간을 통해 성장한다는 것을 몸소 경험할 수 있다. 도전은 도전 자체로도 의미가 있지만, 그것을 기록하면 콘텐츠로서의 가치를 가지게 된다. 도전이 실패로 그치든 성공으로 이어지든 간에 그 기록은 큰 재산이 된다. 챌린지형 블로그의 묘미는 도전이 끝나더라도 기록을 통해 도전 과정을 반복 재생할 수 있다는 것이다. 도전이 성공했을 시에 과정이 기록된 블로그가 진정성을 주므로 이웃들과 몇 배의 감동을 공유할 수 있다.

미국의 한 고등학교 과학교사 존 시스나(John Cisna)는 학생들이 맥도날드에 자주 가는 것을 보았다. 학생들의 건강이 걱정된

그는 맥도날드 음식이 얼마나 건강에 해로운지 보여주기 위해 직접 자신의 몸으로 실험을 하기로 했다. 바로 90일 동안 맥도날드에서 모든 식사를 해결한 것. 단, 미국 식품의약국(FDA)의 건강 가이드라인에 따라 하루 2000cal에 맞춰 맥도날드 음식을 먹었다. 결과는 반전이었다. 3개월 후, 17kg이 감량된 것. 이러한 사실을 알게 된 맥도날드는 그에게 90일간 더 실험하자고 제안했고 6개월간 총 27kg을 감량했다. 가슴과 복부, 엉덩이 둘레가 확연히 줄었으며 콜레스테롤 수치도 감소했다. 해당 사연이 알려지자 그는 맥도날드 홍보대사로 임명되었으며, 『나의 맥도날드 다이어트(My Mcdonald's Diet)』라는 책을 출간하기도 했다.

　　존의 도전은 과정 자체로 의미가 있다. 학생들의 건강을 위해 자신을 실험한다는 동기 자체가 결과에 상관없이 깊은 인상을 주었기 때문이다. 내 생애 반드시 해내고 싶은 무언가가 있을 것이

다. '언젠가는' '죽기 전에는'이라는 이름표를 붙인 채 미뤄둔 도전 거리를 꺼내보자. 꾸준히 기록할 수 있는 블로그 챌린지 프로그램을 활용해보자. 네이버 블로그에는 도전을 기록하는 '미션위젯 연재하기'라는 기능이 있다.

일기형
블로그

일기형은 날마다 그날그날 겪은 일이나 생각, 느낌 등을 적는 블로그다. 일상에서 공감대와 철학을 발견한다면 개인적인 일기를 넘어 인간의 기록적 가치를 지니게 된다. 조선의 22대 왕 정조는 어린 시절 『논어』 학이 편에 나오는 증자(曾子)의 말 "나는 매일 세 번 스스로를 반성한다(吾日三省吾身)"라는 말에 큰 감명을 받아 자신을 반성하는 자료로 삼기 위해 매일 일기를 썼다. 정조가 왕이 된 후 개인의 일기가 국정 일기로 바뀌었고, 이는 『일성록』, 즉 1일 반성 일기라는 이름으로 조선의 공식 국가 기록으로 편입되었다.

박정희 할머니는 1952년부터 1963년까지 다섯 남매의 그림 육아 일기를 썼다. 일기에는 다섯 남매가 태어나서 한글을 배울 때까지의 일상다반사가 기록되어 있다. 작고 평범하지만 돈으로 살 수 없는 값진 행복의 기록이다. 육아 일기 속에는 우리 현대사의 커다란 줄기 속의 작은 역사가 담겨 있다. 이 일기는 『박정희 할머니의 행복한 육아일기』라는 제목으로 2011년 출간되었다. '모든 생활이 공부'라는 마음가짐으로 생을 살아온 할머니께서는 이 일기를 왜 썼느냐는 질문에 이렇게 답한다. "나중에 자식들이 일기를 보면 자기의 존재가 퍽 고맙고 귀하다고 생각하고 기쁘겠기에 쓴 것이다."

일기는 개인적인 기록이다. 일기를 쓰는 데 옳은 방법이란 없다. 말하고 싶은 것을 말할 수 있게 해주는 방법이라면 무엇이든 그 사람에게는 옳은 방법이다. 일기는 나의 세계를 마음껏 펼쳐놓기에 적합한 글쓰기다.

블로그를 막막해하는 사람의
2가지 특징

블로그를 별로
이용하지 않는다

　　책을 많이 읽다 보면 어느 순간 쓰고 싶어지고, 춤을 많이 보다 보면 어느 순간 직접 추고 싶어진다. 텔레비전을 한 번도 본 적이 없는 사람에게 텔레비전 영상 제작법을 가르치기는 매우 어렵다. 텔레비전이 뭔지부터 경험시켜줘야 조금은 쉬워진다. 블로그를 하고 싶다면 내가 블로그를 얼마나 이용하는지부터 생각해보자. 나는 수강생에게 이런 질문을 한다. "블로그 덕분에 도움받은 적이 있나요?" 내가 도움이 필요할 때 검색 엔진으로 찾아보고 도움을 받은 경험이 있는 사람은 어떤 글을 써야 할지 스스로 감을 잡는다. 블로그가 어렵다면 블로그를 경험하는 것이 우선이다.

즐겨 보는
블로그가 없다

내가 수강생에게 또 하나 묻는 말이 있다. "즐겨 보는 블로그가 있나요?" 30명 중 1명꼴로 즐겨 보는 블로그가 없다고 답한다. "사람들은 보여주기 전까지 무엇을 원하는지도 모른다." 애플의 창업자 스티브 잡스(Steve Jobs)의 말이다. 자신이 뭘 원하는지 모르다가 아이폰이나 맥북 같은 신제품의 실체를 보고 나면 그제야 고객들은 자신이 원하는 바를 말한다고 한다. 자기가 원하는 게 뭔지도 모르다가 남이 만든 제품에 '감 놔라 배 놔라' 하는 이유는 실체를 본 후에야 자기 생각을 알아챘기 때문이다. 즐겨 보는 블로그를 묻는 이유는, 자기가 어떤 블로그를 원하는지 힌트를 얻을 수 있기 때문이다. 다른 블로그를 '부러움의 대상'이 아니라 '배우고 싶은 점이 있는 곳'으로 여기고, 어떤 요소에 내가 끌리는지, 어느 점은 다르게 하고 싶은지 생각해보자. 이것이 나의 생각 체력이 된다. 블로그를 잘해보고 싶다면 틈나는 대로 블로그 여행을 다니며 구경해보자. 이 세상에 얼마나 다양하고 흥미로운 블로그가 많은지 알면 깜짝 놀랄 것이다.

블로그 실습

1. 블로그 덕분에 도움을 받은 적이 있는가? 육하원칙에 맞춰 경험담을 적어보자.
   - 누가:
   - 언제:
   - 어디에서:
   - 무엇을:
   - 어떻게:
   - 왜:

2. 즐겨 보는 블로그나 배우고 싶은 블로그가 있는가?
   - 즐겨 보는 블로그:
   - 배우고 싶은 블로그:
   - 위 블로그를 택한 이유:
   - 배우고 싶은 점:
   - 응용하고 싶은 점:
   - 다르게 하고 싶은 점:

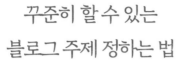

꾸준히 할 수 있는
블로그 주제 정하는 법

소박하게 시작하는
주제 정하는 법

"생각에는 무게가 없다. 단지 '무겁다'
고 느낄 뿐. 그것뿐."[5] 나카시마 바오라는 9살 어린이가 쓴 글이다.
비장한 각오보다는 가벼운 마음으로 블로그 주제를 정해보자. 머
리로 떠올리는 것보다는 손으로 적는 것이 효과적이다. 다음은 내
가 생각하는 주제 정하는 법이다.

1. 지금 나의 관심사(예: 아이돌 가수, 취미 생활, 드라마·영화, 공부, 목돈 모

으기, 쇼핑, 혼밥 메뉴 등)

2. 내 생활과 밀접한 관련이 있는 것(예: 매일 하는 것, 매일 가는 곳, 매일 사용하는 것 등)

3. 내가 경험할 때마다 즐거워하는 것(예: 반려동물, 반려식물, 인테리어, 캠핑, 여행, 문구, 피규어, 게임 등)

4. 나를 힘들게 하는 것(예: 건강, 경제적 여건, 심적인 어려움, 새로운 환경, 외모 고민, 연애 고민 등)

　　나와 별 상관이 없는데 관심을 끌려고 남들이 많이 하는 주제를 따라 하다 보면 막상 쓸 말이 없다. 관심이 있지도, 제대로 알지도 못하기 때문이다. 리뷰를 하더라도 나와 관련 있고, 자기표현이 들어간 리뷰가 좋다. 뭘 좋아하냐고 물으면 대부분 맛집, 여행, 영화, 방송 시청을 말하는데, 사실 이러한 것들은 누구나 좋아한다. 케이크를 좋아한다면 적어도 어느 집 케이크가 맛있고, 케이크가 어떻게 만들어지는지 정도는 알아야 쓸거리가 있다. 맛집-빵집-케이크, 여행-혼자 여행-호캉스, 이런 식으로 카테고리를 좁히는 것도 방법이다. 아직 지식이 부족하더라도 공부해서 써볼 마음이 있다면 내 주제가 될 수 있다. 내가 꾸준히 쓸 수 있는 주제는 무엇일까? 무엇을 블로그에 차곡차곡 쌓으면 보람 있고 즐거울까?

나를 힘들게 하는 것이
기회가 될 수 있다

　　　　　1~3번은 비교적 잘 이해가 되지만 '4. 나를 힘들게 하는 것'은 설명이 필요해 보인다. 앞에서 말한, 콤플렉스를 극복하면 강점이 된다는 말과 일맥상통한다. 내 경우는 육아였다. 나에게 육아는 '잘 알고 싶은' 분야였다. 육아 일기를 쓰면서 내가 힘들어하는 부분을 돌파할 수 있었다. 일기를 쓰면서 질문하는 연습을 했다. 쓰기 전에는 물음표였는데, 쓰고 나면 느낌표가 되었다. 기록하고 공부하다 보니 내가 어려워하던 일이 나의 전문 분야로 성장해 있었다.

　　나는 일기형으로 시작해 챌린지형, 솔루션형으로 성장한 케이스다. 나에게는 여전히 기회가 있다. 예컨대 나는 집콕 생활로 살이 많이 쪘다. 나는 내 몸을 '기회의 몸'이라고 한다. 살을 빼고 건강을 되찾을 기회, 살 빼는 과정을 기록해 콘텐츠를 만들 기회, 살을 뺐다는 성취감을 획득할 기회가 잠재된 몸이다. (비록 내가 원한 잠재력은 아니지만.) '힘들다'는 상황을 '힘들지 않으려면 어떻게 해야 할까?'라는 질문으로 바꾸면, 그것이 곧 글이 되고 콘텐츠가 된다. 이 원리 덕분에 블로그를 하면, 상황에 매몰되던 사고방식이 질문해서 해결하는 사고방식으로 조금씩 이동하게 된다. 인간은 고통스러운 것에 집중하는 경향이 있다. '이것만 해결되면 행복해질 텐데' 하면서 누가 시키지 않아도 계속 거기에 골두한다. 해결될 때까지 파헤치다가 그 분야의 전문가가 된 사람을 우리는 미디어에서 어렵지 않게 찾을 수 있다. 나를 힘들게 하는 것이 '돈'이라면 재테크 블로그를, 나를 힘들게 하는 것이 '영어'라면 영어공부 블로그를 해보면 어떨까? 지금보다 더 나은 삶을 살고 싶다는 소망의 씨앗을 블로그에 심어보자. 꾸준히 가꾼다면 나를 닮은 근사한 나무로 성장할 것이다.

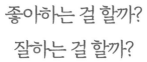

좋아하는 걸 할까?

잘하는 걸 할까?

재주와 재미 중
무엇을 택할까?

블로그 주제를 정할 때 흔히 하는 고민
은 '잘하는 것을 할까, 좋아하는 것을 할까?'다. 재주와 재미 중 고
민하는 것이다. 이 질문에 대해서 경험자들은 저마다 다른 해석을
한다. 음악 프로듀서 박진영은 "꿈의 공식=좋아하는 분야+잘하
는 일"이라고 했다. 좋아하는 게 야구고 잘하는 게 의학이라면 야
구팀의 팀 닥터가 되고, 좋아하는 게 음악이고 잘하는 게 회계라면
JYP 회계팀에 취직하면 된다는 것이다.

브랜드 전략가 노희영 대표는 "잘하는 분야의 인증마크를 획득한 후에 좋아하는 걸 해라", 빅데이터 전문가이자 바이브컴퍼니(구 다음소프트) 부사장 송길영은 "좋아하는 걸 해라. 그래야 꾸준히 할 수 있다"라고 한다. 혹자는 "좋아하는 분야와 시장성의 교집합을 선택하라"고 한다. 나와 맞으면서 잘되는 분야에 집중하라는 것이다. 모두 일리 있고 실제로 적용해볼 만하다. 나에게 묻는다면 이렇게 답하겠다. "좋아하든 잘하든 둘 중 하나가 있다면 행운아다. 금지했을 때 참을 수 없는 것을 선택하라. 혹은 둘을 섞어버려라."

박진영식 꿈의 공식에 나를 대입하면 '잘 알고 싶은 분야+잘하는 일'이다. 내가 잘하는 일은 집요하게 찾는 것과 오지랖이다. 나는 자료 검색계의 인내심 끝판왕이다. 찾아낼 때까지 판다. 지구의 핵에 닿을 기세로 삽질을 하는 편이다. 매번 자료를 잘 찾지는 못해도 삽질 하나는 자신 있다. 오지랖도 넓은 편이다. 내가 해서 좋은 것은 소중한 지인에게 추천하는 편이다. 평소 성격이 그렇다. 이 2가지가 내 블로그에 그대로 반영되었다.

당신에게도 '자칭 특기'가 있을 것이다. 어디 가서 말하기는 사소하지만 나로서는 자부심 있는 그것. 영화 〈쿵푸팬더〉를 보면, 처음에는 놀림받던 판다의 자원이 결말에 가서 깨알같이 쓰이는 걸 확인할 수 있다. 자기 발이 안 보일 정도로 튀어나온 배로 적을 뭉개버리고, 절도 없는 중구난방 몸놀림으로 절도만 배운 상대를 대책 없게 만든다. 허술함을 드러내고 쿵푸를 배우니 누구도 흉내

낼 수 없는 판다 고유의 쿵푸가 되었다. 아무도 모르게 조용히 내 특기를 써먹어보자. 의외로 효과적일지도 모른다.

많이 먹는 능력으로 '먹방'이라는 K-콘텐츠가 탄생할 줄 누가 알았겠는가? 기네스북을 보면 손톱 길게 기르기, 종이컵 많이 쌓기 등 사소한 생활의 달인이 즐비하다. 사소함의 시대가 왔다. 써먹자, 자칭 특기를. 누군가 제시하는 삶의 공식은 그것을 흡수해서 똑같이 적용하라는 의미만 있는 것은 아니다. "나는 이렇게 했는데 당신은 어떻게 해볼래요?" 묻는 것이다. 당신의 생각이 궁금하다. 어떻게 해보고 싶은가?

좋아하는 일을 '기록'하면
실감나게 성장할 수 있다

미국 뉴욕에 줄리 파웰(Julie Powell)이라는 젊은 여성이 살았다. 그녀는 기분 전환용으로 요리 블로그를 시작했다. 요리는 흔한 주제다. 하지만 그녀는 블로그로 유명해져서 나중에는 〈뉴욕타임스〉 인터뷰까지 하게 된다. 그녀의 요리 블로그에는 어떤 특별한 점이 숨어 있었던 것일까? 그녀는 프렌치 셰프 줄리아 차일드(Julia Child)의 요리책에 실린 524개 레시피를 365일 동안 직접 요리해 소개하는 것을 도전 과제로 삼았다. 그녀는 요리를 좋아했다. 직장 일은 예측 불허지만 요리는 확실하기 때문이다. 요리 분야에서 동경하던 대상은 줄리아 차일드였다.

줄리아 차일드를 인간적으로 좋아하고 존경하기에 그녀는 월급의 절반을 요리 재료 구매에 써가며 즐겁게 블로그를 이어갔다. 평소 요리를 못하는 편은 아니었는데 프랑스 요리는 차원이 달랐다. 글자로 표현된 요리를 독학하다 보니 음식을 태우거나 살아 있는 랍스터에 기겁하는 등 갖은 고생을 했다. 그녀는 이러한 좌충우돌을 솔직하게 기록했다. 과정에 충실한 글쓰기를 했다. 어려우면 어렵다고, 안 되면 안 된다고, 단박에 된 게 아니라 연거푸 시도하다가 겨우 완성했다고 실감 나게 글로 썼다.

만약 그녀가 완벽한 요리만 소개하려고 했다면 완벽한 실력을 갖출 때까지 쓸거리가 없었을 것이다. 이 이야기는 2005년 출간되었고, 2009년 〈줄리&줄리아(Julie & Julia)〉라는 영화로도 제작되었다. 그녀의 글에는 다큐멘터리 같은 여정이 담겨 있기에 영화 제작도 가능했으리라 추측해본다. 디테일한 실패담은 독자들의 응원을 받을 수도 있다. "열심히 하셨는데 잘 안 되어서 속상하시겠어요" "다음에는 이렇게 해보면 어떨까요?" 하며 독자들과 소통하는 계기가 될 수 있다. 후속편을 발행할 수도 있다. 과정이 살아 있는 글은 인간적인 글이다. 인공지능의 시대에도 인간적인 글은 빛날 것이다. 기록은 경험의 보험이다. 실패를 기록하면 콘텐츠가 되는데 어떤 실패가 두렵겠는가. 실패해도 된다고 생각하면 어떤 주제를 택하든 부담이 없다.

내가 미소 지을 수 있는
주제가 좋다

블로그는 시작이 가장 어렵다. 블로그를 하고 싶다는 대다수가 하고 싶은 마음만 품고 정작 하지는 않는다. 말로는 제대로 준비를 하고 시작하려고 한다지만, 그러다 뒤를 돌아보니 1, 2년이 훅 가 있는 경우가 의외로 많다. 마음으로는 블로그를 떠난 적이 없지만, 몸은 늘 떠나 있는 상태다. 실천적인 측면에서 좋은 주제는, 당장 시작할 수 있으면서 나와 상관 있는 것이다.

수강생 중에 블로그를 해보고는 싶은데 마땅히 재주가 없다는 분이 있었다. 심층 인터뷰를 한 결과, 이분은 웹툰 마니아였다. 내가 어떤 걸 물어봐도 그런 웹툰이 있다면서 척척 알려주는 것이었다. 우리나라 웹툰을 꿰고 있었다. 틈만 나면 웹툰을 보고, 웹툰을 보면 시간 가는 줄 모르게 재밌다고 한다. 웹툰을 단 한 편도 완주해보지 않은 나로서는 신기할 따름이었다. 이분에게 웹툰은 재미고, 웹툰을 꿰고 있는 것은 재주다. 재미에 흠뻑 빠진 사람에게는 나도 모르는 재주가 있다. 정작 본인은 웹툰을 블로그 주제에서 제외해두었다. 자신이 보기엔 별것 아니기 때문이다. 틈만 나면 하고, 시간 가는 줄 모르게 빠져 있는 것을 제쳐두고 왜 다른 것을 찾는 걸까?

인생을 살아보니 나를 미소 짓게 하는 것이 내가 살아가는 힘이다. 당신에게도 혹시 자신에게는 의미 있지만 남들에게는 별것 아닐까 봐 말하지 못한 재미가 있는가? 나에게 의미 있는 주제를 택하자. 그걸 떠올렸을 때 잔잔하게 흐뭇해진다면 충분하다. 즐거워지고 싶어서 하는, 나를 둘러싼 모든 행위를 채집해보자. 백발이 성성해졌을 때 내 블로그를 보며 '맞아, 그때 그랬지' 하며 미소 지을 수 있는 주제는 당신에게도 있다.

블로그의 첫인상,
메인 화면은 어떻게 꾸밀까?

어떤 첫인상을
줄 것인가

　　　　사람의 첫인상은 3초 안에 결정된다고 한다. 이성의 첫인상이 마음에 들면 상대방의 허물에 비교적 너그러워지는 경험을 한번쯤 해봤을 것이다. 첫인상의 좋은 느낌은 이후의 맥락에도 영향을 미치곤 한다. 블로그의 첫인상은 첫 화면일 것이다. 블로그 첫 화면에는 타이틀 이미지, 블로그명, 별명, 프로필 그리고 쌓여 있는 글 목록이 보인다. 내 별명 아래에는 삭은 글씨로 내가 정한 주제도 명시되어 있다. 첫 화면을 설정하는 것은 블로그에 옷을 입히고 성격을 부여하는 것과 같다. 우리가 파자마 차림으로 거리에 나가지 않듯이, 블로그도 공개된 공간에 걸맞은 코디네이션을 했으면 좋겠다. 내가 원하는 첫인상을 비교적 선명하게 전달하고 싶다면 지금부터 주목하길 바란다.

블로그 메인 화면 코디네이션 하기

통일성이 있어야 한다

당신의 블로그에 독자가 들어왔을 때 5초 내로 3가지를 판단할 수 있어야 한다. ① 이 사람은 누구지? ② 이 사람이 제시해주는 게 나한테 도움이 되나? ③ 이 사람이 제공하는 편익을 얻으려면 어떻게 해야 되지? 앞의 2가지는 모든 블로그에 해당하고, 세 번째 항목은 홍보 목적 블로그에 필요하다. 내가 제공하는 제품이나 서비스를 얻을 수 있는 경로를 직관적으로 표시해둬야 한다. 식당을 운영하면 식당 위치와 전화번호를, 쇼핑몰을 운영하면 쇼핑몰 주소와 주요 판매 품목을 표시하는 식이다. 이 3가지를 5초 내로 알려면, 메인 화면에 통일성이 있어야 한다. 메인 화면의 요소가 따로 놀면 뭐 하는 블로그인지 헷갈린다. 블로그 이름 - 프로필 - 타이틀 이미지가 내가 전달하고 싶은 메시지를 표현할 수 있도록 계속 수정해가면서 만들어보자.

사람이 드러나야 한다

사용자로서 당신은 타인의 블로그에 가면 무엇부터 보는가? 나의 경우 이 블로그는 누가 운영하는지, 전문적인 사람인지부터 보게된다. 블로그를 보면 사람 냄새가 느껴지는 블로그가 있고, 기계처럼 차갑거나 아무 감정이 느껴지지 않는 블로그가 있다. 인간미와 온기가 느껴지고 내가 드러나는 블로그를 만들어보자. 내가 드러나게 디자인하고 글을 써보자. 별명, 블로그명, 프로필도 사실은 다 글쓰기다. 카피라이터처럼 간결하게 쓰는 것이다. 초등학교 5학년도 알아들을 수 있을 정도로 쉽게 쓰자.

프로필에 정체성을 표현하라

"저는 집 꾸미기를 좋아하는 회사원입니다." "저는 전업주부 아빠입니다." "저는 운동하는 할머니입니다." "저는 드라마를 좋아하는 대학생입니다." 프로필은 나를 한 문장으로 정리한 로그라인(log-line)이다. 정체성을 드러내면 동일한 취향이나 성향을 가진 사람이 내 블로그에 모이는 효과가 있다. 프로필 정하는 법은 다음 장에서 좀 더 자세히 다루겠다.

메뉴 욕심 금물, 메뉴는 5개 이하로

글을 쓰는 게시판을 '메뉴'라고 한다. 처음 블로그를 하면 왠지 다채롭고 풍성해야 할 것 같아서 메뉴 욕심이 생기게 된다. 결론부터 말하면 메뉴는 5개를 넘지 말자. 처음 시작할 때는 적을수록 좋다.

나는 처음에 이걸 몰라서 메뉴를 다다익선으로 만들었다. 육아, 엄마, 리뷰, 서평, 맛집, 스크랩, 잡담, 여행, 다이어트 등 내 삶을 통째로 갈아 넣을 기세로 만들다 보니 메뉴가 15개나 되었다. '소재가 생길 때마다 쓰면 되지 뭐' 하고 가볍게 여겼는데, 웬걸. 텅 빈 게시판이 그렇게 신경 쓰일 줄은 몰랐다. 밑 빠진 독처럼 글을 아무리 써도 도통 메뉴가 채워지지 않았다. 그럴 수밖에 없는 것이 15편을 써도 메뉴마다 겨우 한 편씩 글이 들어가는 셈이기 때문이다.

메뉴가 많으면 심리적으로 지친다. 블로그는 CCTV가 아니다. 내 삶을 24시간 빠짐없이 기록하는 공간이 아니라, 내 삶을 기획하는 공간이다. 적절한 포기로 카테고리를 최소화하자. 메뉴를 세분화하고 싶다면 한 주제 안에서 작은 시도를 하자. 예를 들면 다이어트라는 대주제 안에 다이어트 운동기구, 다이어트 음식 등으로 메뉴를 구성하는 것이다. "뭐 하는 블로그야?" 이 한 가지 포인트만 있으면 된다.

| 주제와 소주제의 예 |

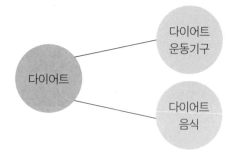

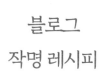

블로그
작명 레시피

프로필대로
살아라

　　"프로필을 마음에 들 때까지 연구해서 만들고, 프로필대로 사세요." 내가 강의에서 하는 말이다. 프로필은 나와 블로그를 소개하는 것이지만, 나는 조금 다르게 본다. 프로필을 삶의 가치를 설정하고 자기 예언을 하는 공간으로 여긴다. 사용자든 블로거든 아마 불행해지고 싶어서 블로그를 이용하는 사람은 없을 것이다. '오늘부터 내 인생을 망치겠나' '내 인생이 어찌 되든 나는 관심 없다'라는 것과는 정반대로, 좋은 걸 알고 싶고,

더 나아지고 싶고, 궁극적으로는 삶의 안전과 평온을 추구하고 싶어서 우리는 블로그를 한다. 누구에게나 내 삶을 안전하고 고귀하게 꾸려갈 자격이 있다. 프로필은 나만의 아지트에 북극성 역할을 해준다. 잊을 만하면 블로그의 초심과 의지를 되찾아주기 때문이다. 학력, 자격증, 경력 등 이미 획득한 과거형으로 자기를 정의하던 내가 블로그를 하면서 나만의 관점으로 나를 정의하는 법을 연습할 수 있었다.

무난한 프로필
작명 레시피

프로필 레시피 5법칙

- 해왔던 걸 써라.

- 하고 있는 걸 써라.

- 하고 싶은 걸 써라.

- 되어볼 만한 걸 써라.

- 되고 싶은 걸 써라.

5가지 원칙을 다 담을 필요는 없다. 전부 무시해도 된다. 다만 갈피를 못 잡겠다면 기준으로 삼아보길 바란다. 이렇게만 말하면 '프로필에는 희망차고 멋들어진 걸 써야겠구나' 할 수도 있다. 그렇지 않다. 내 삶과 닿아 있지도, 내 의견과 교집합도 없는, 교훈으로만 점철된 문장은 북극성이 아니라 북극이다. 다다르기엔 너무 멀고, 해보려고 애써도 왠지 모르게 얼어버린다.

인스타그램에서 재치 있는 그림으로 인기를 얻고 있는 키크니 님의 프로필에는 "일단은 해보겠지만 안 되면 안 해보겠습니닷"이라고 적혀 있다. 10년 넘게 블로그를 운영 중인 다독가 핑크팬더 님의 프로필에는 이런 문장이 있다. "천천히 꾸준히 읽고 보고 쓰고 있습니다." 거대한 선언이나 다짐보다는 차곡차곡 쌓아가고 싶은 삶의 태도를 그려보자. 포부보다 중요한 것은 내가 원하면서도 해볼 만한 시도를 설정하는 것이다.

내가 불리고 싶은 이름, 별명

블로그 1년 차일 때 신선한 경험을 한 적이 있다. 아이와 함께 백화점에 갔는데 모르는 사람이 나에게 말을 걸었다. "혹시 블로그 하시나요? 미세스찐 님 맞죠? 어제도 글 올린 거 봤어요. 팬이에요." 블로그에 내 사진을 올리지도 않았는데 어떻게 알았나 했더니 아이의 신발을 보고 알았다고 한다. 내가 신발 후기를 쓴 적이 있었는데 그 신발이 인상적이었던 모양이다. 연예인도 아닌데 길기리에서 나를 알아보는 사람이 있을 수도 있다는 게 놀라웠다.

이 경험담을 블로그에 썼더니 한 분이 자기도 비슷한 경험이 있다고 했다. 블로그 이웃이 운영하는 미용실에 갔는데 거기에 블로그에서 보던 사람들이 몇몇 있었다고 한다. "안녕하세요. 저는 커피우유예요." 서로의 별명을 밝히며 자기소개를 하는데 그렇게 쑥스럽더란다. 순간적으로 별명을 잘 지어야겠다는 생각이 들었다. "저는 변태엄마예요" "저는 똘끼충만입니다"라고 오프라인에서 대화를 나눈다면 주변이 너무 신경 쓰이지 않을까?

별명은 자기가 만족하면 된다. 애틋한 별명이면 충분하다. 내 별명 미세스쩐에는 탄생 스토리가 있다. '미세스(Mrs.)'는 결혼한 여자를 의미하고, 뒤에 붙은 '쩐'은 절친이 나를 부르는 애칭이다. 'Mrs.+쩐=결혼했지만 내 이름을 지키고 싶다'는 의미가 있다. 다만 지금 기분이 안 좋다고 해서 너무 부정적으로 짓지 말자. 길거리에서 그 이름으로 불렸을 때 당황하지 않을 자신이 있는 별명으로 짓자.

개인적으로 방송인 김종국의 유튜브 채널명 '짐종국'을 잘 지었다고 생각한다. 김종국 하면 떠오르는 운동을 '짐(GYM)'으로 표현해 이름과 합쳐 쉽고도 기억에 남는다. '운동하는 김종국'이라는 그의 삶을 세 글자로 끝냈다. 심각하게 고민하지 말고, 말장난으로 이것저것 던지다 보면 마음에 드는 이름이 탄생할 것이다. 이미 가진 별명이나 애칭을 사용해도 된다.

발음이 쉬운 이름은
친근함을 준다

주식 투자에 관련한 흥미로운 실험이 있다. 발음이 쉬운 이름의 브랜드가 그렇지 않은 브랜드보다 투자 실적이 좋았다. 상장 첫날, 주가가 11.2% 높은 것은 물론이요, 1년 후에는 그 차이가 33%를 넘었다. 믿기지 않지만 사실이다. 인간은 무의식적으로 발음하기 쉬운 브랜드 이름을 친숙함과 연결한다고 한다. 반면 발음하기 어려운 이름은 '생소함'과 연결한다. '친숙'은 '안전'으로 이어지고, '생소함'은 '위험'으로 이어진다고 한다.[6] 방송 프로그램 이름을 지을 때도 쉽게 짓는 것이 원칙이다. 〈세상에 이런 일이〉 〈인간극장〉 〈1박 2일〉처럼 부르기 쉬운 이름을 짓기 위해 생활 언어를 이리저리 조합해본다. 쉬운 이름은 일단 주인인 나부터 블로그와 친해지도록 도와준다. 그렇게 스며들듯 정이 들어갔으면 좋겠다.

유의사항

블로그 이름과 별명을 지을 때는 이미 있는 이름은 아닌지 인터넷 검색을 해보길 바란다. 어떤 이름은 특허청에 상표권으로 등록되어 있기도 하다. 한국특허정보원이 운영하는 특허정보검색서비스(www.kipris.or.kr)에서 찾아볼 수 있다.

블로그 실습

1. 내 프로필을 다섯 문장 내로 써보자.

2. 내 블로그 소개를 한 문장으로 써보자.

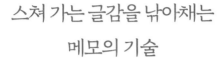

스쳐 가는 글감을 낚아채는
메모의 기술

글쓰기는 기억을
저장하는 것

"언니야, 보고 싶었어." 언니와 오랜 시간 헤어져 있었던 것일까? 아니다. 둘이 나란히 자고 일어나서 눈을 마주치고는 나눈 첫마디였다. 굿모닝 인사다. 내 속으로 낳은 아이지만 신선한 감동이었다. 사람과 사람이 한집에서 함께 자고 일어나서 저렇게 인사할 수 있다니.

나는 이런 기억을 모아서 글을 쓴다. 이것이 '글감'이다. 글쓰기는 기억을 저장하는 것이다. 글쓰기는 내 역사, 내 기억을 내 방식대로 저장하는 것이다. 그런데 우리의 기억력은 어떤가? 망각 이론에 따르면, 인간은 1시간 후에 50% 이상을 망각한다고 한다. 굳이 이론이 아니더라도 우리는 알고 있다. 우리의 기억력이 그리 훌륭하지 않다는 것을. 사실은 그래서 글쓰기가 어려운지도 모른다. 기억이 나지 않으니까. 그때의 상황, 그때의 감정, 그때의 느낌을 글로 쓰기엔 머리에 남아 있는 기억은 빈약하기 짝이 없다. 이것을 역으로 이용한다면 글을 쓸 수 있다. 기억이 나게 하면 된다. 기억을 그때그때 잊기 전에 저장하는 것이다.

순간을 잡아채는
디지털 메모법 2가지

혹시 그럴 때가 있지 않은가? 손이 내 머리 속도를 못 따라갈 때. 지금 내 머릿속 생각을 우르르 쏟아서 글자로 메모해두고 싶은데, 손 글씨가 내 머리 속도를 못 따라가면 마음은 급해지고 메모도 의도대로 되지 않는다. 나는 그런 적이 많은 편이다. 생각이 강아지 20마리가 무리 지어 달려오는 것처럼 한꺼번에 와아악 몰아칠 때가 자주 있다. 마치 아무 생각 없이 길을 걷고 있다가 하늘에서 돈벼락이 쏟아지는 기분이다. 그럴 때는 어떻게 해야겠는가? 저 돈이 바람에 날아가 버리기 전에 물 찬 제비 권법으로 낚아채야 한다.

내가 주로 사용하는 것은 카카오톡 '나와의 채팅'과 네이버 블

로그 '음성입력' 기능이다. 내 입이 키보드다. 입으로 한 자 한 자 눌러서 말하면 기계가 알아서 적어준다. 사용해보면 편리함을 느낄 것이다. 디지털 메모가 유용한 점은 링크(URL)도 저장이 된다는 점이다. 요즘은 정보 대부분이 인터넷에 디지털화되어 있다. 이것을 종이에 손 글씨로 적어둔다면? 암호 같은 링크를 적는 것 자체가 고역일뿐더러 나중에 그 글을 찾아보기도 힘들다. 디지털 메모를 해두면 링크 자체가 저장되기 때문에 나중에 다시 보고 싶을 때 클릭만 하면 된다.

사진과 동영상으로 메모하기도 한다. 나는 스마트폰 폴더에 자동 저장만 해두는 것이 아니라, 카카오톡 '나와의 채팅창'으로 보내서 나중에 꺼내 보기 쉽도록 표시해둔다. 디지털 게시판 혹은 디지털 화이트보드로 유용하다. 그렇게 모은 메모는 글이 되고, 블로그가 되고, 책이 되고, 강의가 되었다. 티끌 모아 태산이다. 천재 블로거는 없다. 단지 부지런한 기록자만 있을 뿐이다. 부지런히 기록한 메모 중 다음 카톡 메모는 다음 단락에서 써먹을 예정이다.

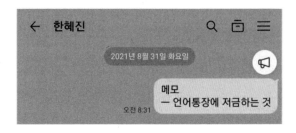

메모,
언어통장에 저금하는 것

　　　　　　　누구에게나 언어통장이 있다. 이 '누구'
에는 당신도 포함된다. '메모는 언어통장에 저금하는 것'이라는 생
각을 메모해두지 않았다면, 나는 지금 이 글을 쓸 수 없었을 것이
다. 언어통장? 저금? 다소 유치할 수도 있다. 하지만 유치하다고
자체 평가해버리고 메모하지 않으면, 나중에 마음이 바뀌었을 때
꺼내 볼 수가 없다. 메모해둔 언어는 어떻게든 쓰인다.

　글쓰기는 언어다. 블로그는 온통 언어다. 제목도, 본문도, 프
로필도, 댓글도, 전부 언어다. 그렇다면 언어통장에 언어자산이
풍부해야 한다. 관심만 있으면 언어는 늘 우리 주변에 있다. 언젠
가 거리를 지나가는데 이런 간판이 보였다. "나의 몸에 리듬을 주
는 줌바 댄스" "시간을 마시는 더치커피" 내 눈에는 기가 막힌 표현
이었다. 바로 스마트폰에 저장했다. 언젠가 '나는 에어로빅으로 내
몸에 리듬을 주고 싶다' '잘 익은 고추장은 시간을 맛보는 기분이

든다' 이렇게 쓰일지도 모를 일이다.

언어통장에 저금하는 언어는 올바른 가치관과 교양 있는 관점, 긍정적 에너지를 지닌 유익한 언어로 선별하자. 친구와 수다를 떨다가 배꼽을 잡은 표현이 있다면 메모를, 처음 듣는 단어인데 인상 깊었다면 메모를, 드라마 대사 한 줄, 노래 가사 한 줄도 내 마음에 색다르게 느껴진다면 메모를 하자. 심리학자이자 노벨경제학상 수상자이기도 한 대니얼 카너먼(Daniel Kahneman)은 "사람은 한 달에 약 60만 번의 개별적인 순간(moments)을 경험한다"고 했다. 그 '순간'은 몇 초다. 대니얼 카너먼은 약 3초라고 했다.[7] 당신이 부러워하는 수많은 글은 찰나를 영원히 붙잡아둔 것이다. 메모가 글을 풍성하게 하고, 그 글이 또 다른 글의 마중물이 되며 '글 발전소'가 자가 발전한다. 메모는 총알 같은 것이다. 총알이 있어야 장전하고 발사할 것 아닌가. 언제 어떻게 쓰일지 모르니까 예비비통장에 차곡차곡 저금하는 것처럼, 내 언어통장에 언어를 알뜰살뜰 저금해두자.

소처럼 꾸준히
하라는 이유

     소를 실제로 본 적이 있는가? 어릴 적 외가댁에서 소를 키워서 나는 자주 보았다. 풀도 주고 쓰다듬어도 보고 등에 타보기도 했다. 함께 논으로 걸어가보기도 했고, 송아지를 낳는 모습도 봤다. 비 오는 날 미끄러져 소똥 더미에 넘어져본 적도 있다. 소는 느리다. 어지간해서 뛰는 법이 없다. 느리니까 어린 내가 발맞춰 걸을 수 있었다. 뚜벅뚜벅 걷는 걸음은 느리지만 리듬이 있다. 바쁘지 않기 때문에 소는 보는 자체로 평화롭다.

다만 꾸준하다. 느리더라도 꾸준하다. 느리지만 할 건 다 한다. 느려도 쉴 건 다 쉰다.

내가 '소처럼 꾸준히' 하라는 이유다. 현대인은 바쁘다. 한국인은 더 바쁘다. 오죽 바쁘면 외국 사람들이 한국인이 제일 많이 하는 말을 "바빠"로 알고 있을 정도다. 내 어머니를 보면 바쁨이 몸에 배어 있음을 절실히 느낀다. 눈은 TV를 보면서도 손은 바닥을 쓸고 있다. 소처럼 꾸준히 하라는 말은, 게으르지 말라는 말이 아니라 느리게 하라는 말이다. 다만 멈추지 말라는 말이다. 느려도 할 건 다 할 수 있으니까.

내가 원하는 판을 짜보고
실행하는 최초의 기회

어쩌면 블로그는 내가 원하는 판을 짜보고 실행하는 최초의 기회다. 자기 주도 인생을 시뮬레이션해보는 기회다. 자기 주도하에 살아본 적이 없는 사람일수록 블로그는 생소하고 막막하다. 여기에서 아이러니가 발생한다. 블로그는 자기 주도로 하는 것인데, 블로그를 하기 위해서 또다시 남의 말을 들으러 간다. 그래서 요즘 콘텐츠 창작이나 글쓰기에 대한 강의가 잘 팔리는 것이다. 좋은 강의를 선택한다면 둘러 갈 길을 질러가는 효과가 있을 수도 있다. 하지만 독이 되는 강의도 있다. 너무 쉽고 전혀 귀찮지 않다는 걸 처음부터 끝까지 무한 강조하는 내용은 역효과가 날 수도 있다. 그렇게 쉬운데도 왜 나는 못 할까 자책감만 들 뿐이다.

요즘, 자면서도 돈 벌 수 있다는 유혹이 참 많다. 그런 말을 들으면 깨어서도 돈을 못 버는 내가 한심하게 느껴진다. 나를 지키기 위해서는 세상의 소리를 일부 음소거할 필요가 있다. 자면서도 돈을 버는 사람은 깨어 있는 시간에 시간을 매우 치밀하게 사용한다. 대강대강 발로 일하고 그런 결과를 얻은 것이 아니다. 자유를 누려본 적이 없는 사람에게 자유는 멋진 말로만 들릴 수 있다. 하지만 막막한 자유에 놓여보면, 자유에 무한한 자기 책임이 따른다는 걸 깨닫게 된다.

블로거를 비롯한 콘텐츠 창작자는 자유롭게 돈 버는 사람이 아니다. 이 환상은 일단 버려야 한다. 콘텐츠 창작자는 내가 좋아하는 일을 자기 규율을 통해 스스로 지속 가능하도록 만드는 사람이다. 내가 하기 싫은 일을 억지로 남의 방식대로 하는 것이 아니라, 내가 하고 싶은 일을 스스로 나의 방식대로 하는 사람이다. 아직 시작하지 않은 텅 빈 블로그에는 아래와 같은 안내 문구가 쓰여 있다. 이 말대로 당장 써보자. 지금 바로 글쓰기 버튼을 누르자. 그리고 소처럼 꾸준히 써보자.

아직 작성한 글이 없습니다
문득 스치는 생각이나 기분, 일기 등
다양한 이야기로 나만의 공간을 채워보세요.

글쓰기

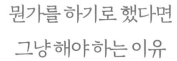

뭔가를 하기로 했다면
그냥 해야 하는 이유

빨리 포기하는 비법을
알려드립니다

수영황제 마이클 펠프스는 120년이 넘는 올림픽 역사상 가장 많은 메달과 금메달 보유자다. 어떻게 이런 기록이 가능했을까? 그는 미국 방송사 NBC와의 인터뷰에서 8관왕이 되기 위해서는 무엇이 필요한가에 대한 질문에 이렇게 답했다. "먹고 자고 수영하는 것입니다." 2009년 MBC에서 방송한 〈퀸 연아! 나는 대한민국이다〉에서 김연아도 이와 비슷한 이야기를 한 바 있다. 무슨 생각을 하면서 스트레칭을 하느냐는 질문에 "무슨 생각을 해요. 그냥 하는 거죠"라고 답한 것이다. '공부의 신' 강성태는 한 강연에서 자신의 복근을 공개한 적이 있다. 유명 강사로만 생각했던 그가 초콜릿 복근을 소유한 것에 흠칫 놀란 기억이 난다. 그의 운동 비법은 2가지다. 하나, 의식하지 않아도 자동으로 그냥 하는 습관화. 둘, 거대한 목표가 아닌 작은 목표. 강성태에 의하면 공부 못하는 학생들의 특징은 이와 반대라고 한다.[8]

빨리 포기하는 비법
① 일시적으로 뜨겁게 불타오르며 결심한다.
② 거대한 목표와 계획을 세운다.
③ 한 3일 유지된다.
④ 어느 시점이 되면 매일 이 고민을 한다. '할까 말까.'
⑤ 이 이유, 저 이유 대면서 결국 안 한다.
⑥ 결심하기 전으로 돌아간다.

여름엔 더워서 안 한다. 겨울엔 추워서 안 한다. 비가 오면 날씨 때문에, 잠 못 자서 피곤하니까, 일이 바쁘니까, 우리에게 합리적인 이유는 너무나 많다. 이렇게 쿨하게 패스했으면 마음이라도 편해야 하는데 그렇지가 못하다. 이렇게 해놓고는 머지않아 '왜 나는 해놓은 게 없을까' 후회하고 자책을 한다. 이 무한 반복의 악순환에서 이탈하는 법을 강성태는 2가지로 제시하는 것이다. 습관, 작은 목표.

할까 말까,
선택하지 말지어다

블로그를 하기로 했으면 '그냥' 하길 바란다. 그냥이다. 아무 생각 없이 막 하라는 의미가 아니다. 습관으로 하라는 말이다. 기상, 출퇴근, 양치질, 식사, 수면 등 매일 우리가 하는 일은 '할까 말까' 판단하지 않는다. 자동으로 그냥 한다. 내가 성취하고 싶은 것도 양치질처럼 해보면 어떨까? 대신 소박하게 하는 것이다. 양치질 3분처럼. 일어나야 할 때 일어날까 말까, 출근할 때 출근할까 말까, 양치질할 때 칫솔질할까 말까, 자야 할 때 잘까 말까 등 일상의 모든 일을 판단거리로 만든다면 우리는 금방 지쳐버리고 말 것이다.

글쓰기도 마찬가지다. "지금부터 100일 동안 매일 글을 쓸 거야!" "블로그로 책도 내고 부자가 될 거야!" 이러면 유지하기가 힘들다. 설사 최종 목표가 글 100개더라도 내가 아직 글쓰기 습관이 배어 있지 않다면 목표를 작게 쪼개는 것이 좋다. 실제로 내가 할 수 있는 만큼 말이다.

글쓰기를 무의식적으로 자동 반복하는 습관을 들이는 것도 도움이 된다. 나는 오후 4시가 자동 글쓰기 시간이다. 거실 한복판에 내가 직접 조립한 이케아 테이블에 자동으로 앉아서 자동으로 쓴다. 무조건. 설사 발행하지 않고 혼자 쓰고 저장만 하더라도 '그냥 쓴다'. 강성태에 의하면, 식후 약 먹기처럼 일과에 +습관을 붙이게 되면 지키기가 훨씬 쉽다고 한다. 서울대학교 심리학과 최인철 교수는, 습관은 시공간에 배는 것이라며 일정한 시간뿐 아니라 일정한 공간의 중요성을 강조했다. 펠프스, 김연아, 강성태 그리고 나는 똑같이 외치고 있다. "그냥 하자."

일관성 있는 글을
쓰기가 어려워요

"블로그에 글을 올릴 때 2가지 글을 써요. 하나는 독자에게 전하려는 글, 또 하나는 개인적인 기록입니다. 이 둘이 혼합되다 보니 글의 분위기도 달라지고 글마다 일관성이 없는 것 같아요. 일관성이 없으니 블로그가 산만해 보이고, 그래서 이웃도 늘지 않는 것 같습니다. 어쩌면 좋을까요?"

일단 이 고민은 블로그를 적극적으로 해보려는 사람에게서 나올 수 있는 고민이다. 질문의 본질은 많은 이웃을 확보하는 블로그를 만들고 싶다는 의미로 보인다. 거기에 글의 분위기와 일관성이 핵심일까? 자세히 살펴보자. 사용자를 위한 글과 자기 기록용

글의 분위기가 달라지는 것은 걱정할 부분은 아니다. 그냥 편하게 이렇게 생각하면 된다. "나만 봐도 만족스러운 글은 남이 봐주길 바라지 않는다." 내가 보려고 쓴 글은 내가 만족하면 그걸로 된 것이다. 나만 만족하는 글을 써놓고 "왜 안 봐주지?" 바라지 말자.

만약 나를 위해 쓴 글인데 남도 봐주길 바란다면 글에 공감대를 추가해야 한다. 공감대는 자료 조사를 통해서 나온다. 글을 쓰면서 질문해보는 것이다. 나만 이런가? 우리 집만 이런가? 다른 집은 어떤가? 이 나이대 사람들은 어떤가? 한국인만 이런가? 외국인은 어떤가? 보편적인 특성을 공부해야 공감대가 나온다. 신문 기사, 인터넷 카페, 네이버 지식인(지식iN) 등에서 찾아보길 권한다. 다른 사람들의 시각과 경험은 어떤지 말이다.

인간의 보편적인 욕구나 가치를 담은 개인적인 글도 공감대를 형성할 수 있다. 바로 속내를 털어놓는 글이다. 탁월한 상담가인 칼 로저스(Carl Rogers)는 "가장 개인적인 것이 가장 일반적"이라고 했다. 이 말은 나 자신의 가장 깊은 인간적인 욕구와 두려움, 열정 같은 것을 다른 사람과 나누면 공감할 수 있다는 뜻이다. 실제로 나도 나만 그렇다고 생각하며 쓴 자기 고백 글이 의외로 다른 사람의 공감을 얻은 적이 있다. 단, 이런 글을 쓸 때는 솔직해야 한다. 솔직할수록 공감대는 넓어진다.

예컨대 한국출판마케팅연구소 한기호 소장[9]은 치매 초기인 홀어머니를 모시게 되었는데, 누군가를 돌보는 일이 처음이었던

지라 너무 힘들었다고 한다. 그래서 블로그에 일기를 썼다. 그는 이 일기를 "블로그에 힘들다고 징징거렸다"라고 묘사한다. 비밀번호를 누르지 못하는 어머니께서 혼자 집 밖을 나와 앞집 젊은이가 도와준 이야기, TV에 나오는 게장을 드시고 싶다기에 꺼내드렸더니 "TV에서는 알이 꽉 차 있던데 이것은 비쩍 말랐다"라며 투정하시는 이야기 등 섬세한 일상을 솔직하게 기록했다. 누리꾼은 마치 내 이야기인 양 몰입했다.

이 글을 본 한 편집자가 책을 내자고 제안했고, 어머니와 동고동락한 6년간의 일기는 『나는 어머니와 산다』라는 책으로 탄생했다. 책은 우수 문학 도서로 지정되었고, 한 소장은 KBS 〈아침마당〉 등 방송에도 출연했다. 부모 봉양은 남의 일이 아니다. 인간이라면 응당 언젠가는 내 일이 될 수도 있는 사안이다. 상황과 내면을 솔직하게 표현한 글은 읽는 이로 하여금 값진 경험을 선사한다. 이런 글을 자주 많이 쓸수록 사람들이 모인다.

"나는 오늘 햄버거를 먹었다. 맛있었다"와 같은 글은 아무리 일관성 있게 많이 써봐야 인기를 얻기 힘들다는 뜻이다. 인기가 목표가 아니라면 햄버거 글도 좋다. 뭐 어떤가, 내가 맛있었다는데. 하지만 인기가 목표라면 다소 귀찮더라도 구색을 갖춰야 한다. 일관성부터 설계할 것이 아니라, 한 편의 글부터 설계했으면 한다. 적게 일하면서 대우 좋고 폼나는 직장은 없듯이, 대충 쓰면서 인기 있고 폼나는 블로그는 없다. 대충 쓰려면 폼나기를 바라지 말고, 폼나기를 바라면 대충 쓰면 안 된다. 수다와 포스팅의 결

마음	누가 봐줬으면	보여주고도 싶고, 안 보여주고도 싶고	누가 안 봤으면
해결책	누가 볼 만한 글을 쓰면 된다.	보여주고 싶은 글은 보여줄 만하게 쓰고, 안 보여주고 싶은 글은 검색이 안 되도록 설정하거나 이웃공개/서로이웃공개/ 비공개로 숨기면 된다.	검색이 안 되도록 설정하거나 이웃공개/ 서로이웃공개/ 비공개로 숨기면 된다.

정적 차이는 구색을 갖추었는가에 달려 있다.

포스팅이라면 최소한 제목, 글을 쓰는 목적과 이유, 독자에게 제공하는 편익과 가치가 담겨 있어야 한다. 사용자가 원하는 새로운 가치, 새로운 교양, 새로운 정보, 새로운 오락을 담고 있다면 참신한 글이다. 발견되길 원하고 쓴 글은 발견될 수 있도록 성심성의껏 쓰자. 굳이 일관성을 부여하고 싶다면 글의 분위기가 비슷한 글만 전체공개로 두고, 나머지는 부분적으로 가리는 것도 방법이다.

디지털 시대는 글의 경계를 무너뜨렸다. 전문적인 개인 기록, 개인적인 전문 기록이 가능한 시대다. 독자에게 전하려는 글에 내 경험을 가미해보자. 내 경험에 독자에게 전하고 싶은 메시지를 양념처럼 뿌려보자. 글을 요리라고 생각했으면 좋겠다. 혼자 먹으려고 끓인 김치찌개가 나에게만 맛있으라는 법은 없다. 수많은 한국인 중에 내 입맛과 비슷한 사람이 없겠는가? 이건 내 김치찌개,

저건 손님용 김치찌개, 굳이 구분할 필요가 있을까? 내 김치찌개는 무얼 넣고, 손님용 김치찌개에는 무얼 넣는가? '나는 참치 김치찌개를 좋아하지만 손님은 돼지고기 김치찌개를 좋아할 거야' 하며 구분 지어 차려내지 말고, 내 입에 맛있으면 남도 맛있을 거라고 믿어보자.

글은 믿음이다. 나를 믿고 독자를 믿는 것. 나도 그런 뚱배짱으로 이어왔다. 남의 입에 맞추기보다 내 입에 먼저 맛있도록 글을 썼다. 대개 내가 맛있으면 남도 맛있다고 한다. 남이 맛없다고 해도 내가 맛있으면 된 것 아닌가? 나는 개인 기록을 구체적으로 쓰면서 전문성을 살린 케이스다. 전문성을 살리려고 의도한 건 아니다. 구체적으로 쓰다 보니 스스로 의문이 들었다. '나는 이랬다' '내 생각은 이렇다'만으로는 충족되지 않는 갈증이 있었다. 근거와 정보를 장보기 해서 송송 썰어 한 움큼 집어넣었다. 글마다 재료 비율은 조금씩 달랐다. 어떤 글은 사담이 10, 어떤 글은 사담 6에 정보 4, 어떤 글은 사담 1에 정보 9가 될 때도 있었다. 내 글 남 글 구분 말고 글 요리사가 되자.

그다음 생각해볼 것은 '내가 쓴 프로필대로 살고 있는가'다. 프로필을 매일 보자. 질문자의 블로그를 둘러보니 프로필과 내용이 따로 놀고 있었다. 프로필에는 빵빵한 전문 경력을 써두고, 게시글은 경력과 무관한 일기 위주였다. 프로필대로만 운영해도 일관성이 생긴다. 동기, 목적, 취지, 이유가 명확하기 때문이다. 만약 프로필대로 사는 게 어렵다면 프로필을 수정해보면 어떨까? 아마 독자들도 괴리를 느낄 것이다. 프로필을 보고 구독했는데 정작 그런 글은 드무니까. '떡상'은 내가 하고 싶은 것을 실제로 추구할 때 이루어진다. 하고 싶다는 건 '생각'이고, 실제로 추구하는 건 '실력'이다. 우리는 생각을 머금은 태도로 실력을 키워가는 그 과정에 있다. 아직 실력이 부족하다면 나를 알리는 것보다 실력을 쌓는 것이 먼저다. 실력이 쌓이면 좋은 글을 쓸 수 있고, 좋은 글은 사람들이 알아서 찾아온다.

그동안 써온 글을 기반으로 콘셉트를 잡아도 된다. 콘셉트를 잡아놓고 그걸 따라잡으려고 하지 말고 "내가 써놓은 글을 모아놓고 보니 나는 이런 걸 하고 있네" 이렇게 정의해보는 것이다. 내가 원하는 이상과 실제 현실의 괴리가 크다면, 이미 하고 있는 것을 기준으로 재편성하는 게 옳다고 본다. 어떤 목표를 추구할 때는 이상과 현실을 구분하는 것이 좋다. 이상과 현실은 나도 모르게 충돌하면서 판단력을 흐리게 하기 때문이다.

예컨대 내가 원하는 건 공격적인 투자로 단기간에 100억 부자가 되는 것인데, 실제로 하는 건 위험성이 낮은 안정적인 투자라면, 후자가 내가 추구하는 것이다. 투자해보면 알겠지만 안정적인 투자 성향을 지닌 사람이 공격적으로 투자하기는 어렵다. 심장이 덜컥덜컥 내려앉기 때문이다. 무서워서 밤에 잠도 못 잔다. 피가 바짝바짝 마르는데 어떻게 지속하겠는가? 나는 육아를 잘하고 싶었지만, 현실은 육아를 공부하는 사람이었기에 블로그 콘셉트도 소박해졌다. 그러자 마음이 편해졌고 자주 글을 쓸 수 있었다. "언제가 승자가 되고 싶다면 지금 쉬운 것부터 시작해야 한다." 책 『타이탄의 도구들』에 나오는 문장이다. 하찮을 정도로 시시하게 시작해보자.

지금까지 이상과 현실이 충돌할 때마다 내가 써먹은 특급 조치를 풀어보았다. 선택은 오직 당신의 몫이다. 받아들일 것은 받아들이고, 버릴 건 버리면서 자신의 뚝심을 다듬어보길 바란다. 어떤 선택을 하든 당신을 응원한다.

5장

•

시작하는 블로그를 위한
글쓰기 10강

제 인생에서 글쓰기란 제가 믿는 것, 제가 보는 것 그리고
제가 가치 있다고 여기는 것들을 보다 명확하게 하는 훈련입니다.
어지럽게 뒤엉킨 생각의 타래를 조리 있는 문장으로 풀어내는 과정에서
자신에게 더 어려운 질문을 던질 수도 있고요. 글쓰기는 내 아이디어와
이상(ideal)에게 세상과 소통하는 법을 가르쳐주었습니다.

– 버락 오바마[1]

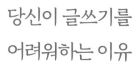

당신이 글쓰기를
어려워하는 이유

글 잘 쓰는 법은 애초에 가르칠 수 없다는 조정래 작가의 말에 일부 수긍한다. 다만 나는 방송작가 그룹에서 팀플레이를 하며 느낀 바가 있다. 글쓰기의 정석은 없지만 방법은 있고, 가르칠 수 있다고 믿으면 가능하다는 것이다. 특히 근거에 기반한 친밀한 피드백은 글쓰기 향상에 큰 도움이 되었다. 실제 하버드대, MIT 등에서 실시하는 글쓰기 교육은 피드백이 핵심이다. 이 경험을 살려 내가 운영하는 인터넷 카페에서 글쓰기 스터디를 하고 있다. 올해로 6년째다. 글쓰기가 직업도 아니요, 얼굴을 맞대고 세밀한 피드백을 하는 여건이 못 되는데도 글쓰기에 자신감이 붙고 글쓰기 실력이 늘고 몇몇은 출간까지 하는 광경을 보며 귀한 교훈을 얻었다.

글쓰기 스터디에서 얻은 나름의 지혜를 몇 가지 이야기할까 한다. 나는 1기 참가자들에게 왜 글쓰기를 하고 싶은지 물었다. 10명 중 6명은 출판, 3명은 블로그 연재와 출판, 1명은 자기표현을 하고 싶다고 답했다. 이후에도 매년 참가자들은 대다수 출간을 꿈꿨지만, 원대한 꿈과는 달리 전원이 글쓰기가 어렵고 자신이 없다고 말했다. 사실 본업이 작가가 아닌데 출간을 꿈꾼다는 건 실로 대단한 일이다. 그런데 왜 출간을 꿈꾸기만 할 뿐 정작 글쓰기에는 자신이 없을까? 그래서 꼽아보았다. 당신이 글쓰기를 어려워하는 이유!

글 쓰는 사람은 천부적인 재능을 지녔을 거라고 생각한다

솔직히 말해보자. '작가는 원래 글을 잘 썼을 거야.' '유명한 작가들은 동물적인 감각이 있어.' '글쓰기는 선천적인 재능이야.' 이렇게 생각한 적이 있는가, 없는가? 물론 천부적인 재능을 지닌 작가도 있을 것이다. 천재 작가는 있지만 극히 드물다. 우리가 천재 작가로 알고 있는 박완서 작가도 생전에 이런 말씀을 했다고 하지 않는가. "사람들이 내가 주부로 있다가 어느 날 갑자기 작가로 나온 줄 알고 있는데 마흔이 되기까지 얼마나 많은 책을 읽고 글을 쓰면서 물밑 작업을 했는지 아느냐"고,[2] 글쓰기란, 타고난 목소리나 얼굴, 몸매와는 차원이 다르다. 글쓰기는 천부적 재능이 아닌 훈련이기 때문이다. 운전이 천부적 재능인가? 자전거 타기가 천부적 재능인가? 배우고 연습하면 누구나 할 수 있다. 생각을 바꾸자. 지금은 전 국민 글쓰기 시대다.

우리 집은 도시 한복판에 있는 아파트 11층이다. 어느 날 주방 창밖에서 방아깨비를 발견했다. 나비처럼 높이 날지도 못하는 방아깨비가 어떻게 아파트 11층까지 왔을까? 당시 9살이던 큰아이가 상상력을 발휘했다. "엄마, 애는 알고 보면 운동을 하고 있었을 거야. 근육을 단련하려고 암벽 타기를 하면서 계속 올라가고 있었는데 큰 구멍이 있었던 거야. 피하고 싶어도 너무 커서 그만 구멍 속으로 빠져버렸어. 거기가 우리 집이었던 거 아닐까?" 내가 배꼽을 잡고 웃었더니 아이는 신이 났는지 그림을 곁들여 동화책을 만들었다. 그렇게 우리 가족만의 근육 방아깨비 동화가 탄생했다. 글은 이렇게 쓰면 된다. 순수한 호기심과 상상력으로. 어쩌면 우리에게 필요한 것은 동심 아닐까? 일로 삼지 말고, 야망도 품지 말고, 신나게 써보자. 신이 안 날 때면 근육 방아깨비를 떠올려보자.

글을 치열하게
써본 적이 없다

나는 글쓰기가 그다시 어렵지 않다. (오해 금지. 실제로는 어려워도 심리적으로 어렵지 않다는 의미다.) 힘은 든다.

그래도 재미있다. 나에게 글쓰기는 '힘든 재미'다. 그런데 할 말이 있다. 10년 전엔 초행길을 지도 없이 찾아가는 것처럼 글쓰기가 어려웠다. 20년 전엔 눈을 감고 마라톤을 하는 것처럼 어려웠다. 내가 지금 글쓰기를 어려워하지 않는 중요한 요인 중 하나는, 글쓰기를 직업으로 삼으면서 글을 치열하게 썼기 때문이다. 글로 밥 벌어먹게 생겼으니 자나 깨나 글만 썼다. 쓴 글 또 쓰고, 고치고 또 쓰고, 새 글 기획하고, 버리고, 다시 기획하고, 이 작업을 11년간 무한 반복했다. 나는 방송작가를 하면서 단 하루도 글을 쓰지 않은 적이 없다고 해도 과언이 아니다.

그렇다면 나는 몇 시간 동안 글을 썼을까? 계산해보자. 깨어 있는 시간을 14시간이라고 치자. 1년이면 5,110시간이다. 10년이면 51,100시간이다. 나는 5만 시간이 넘도록 글을 썼다. 이것 아니면 안 된다는 심정으로. 여러분은 그렇지 않다. 글을 안 써도 살 수 있었다. 그래서 글쓰기가 어렵게 느껴지는 것이다. 어렵다고 해서 못하는 것은 아니다. 내가 스키를 처음 배웠을 때 어렵긴 했지만, 그렇다고 서 있지도 못 하거나 한 발짝도 나아갈 수 없는 것은 아니었다. 한 발짝이 두 발짝이 되고 두 발짝이 세 발짝이 되니 어느새 초급자 코스를 내려올 수 있었다. 그렇게 세 번의 겨울을 보내니 상급자 코스에 도전할 수 있었다. 글쓰기도 마찬가지다. 어려운 것과 할 수 없는 것은 다르다. 어려워도 할 수 있다. 하루 1~2시간씩 투자해보자. 나도 그렇게 하고 있다. 쓰니까 녹슬지 않고, 녹슬지 않으니 쓸 수 있다.

열심히 글 써서
뭐 하나 싶다

글쓰기 스터디 참가자 가운데 블로그를 운영하는 사람이 꽤 있었다. 그들은 마치 짠 듯이 자신의 블로그를 "유령 블로그" "폐쇄 수준"이라고 말했다. 어떻게 하나같이 자기 블로그를 깎아내릴 수 있을까? 이건 음모가 아닐까 의심스럽기까지 했다. 블로그를 개설했다는 건 뭔가 해보겠다는 건데 왜 제대로 운영이 안 될까? 여러 가지 이유가 있겠지만 지배적인 이유는 '이거 해서 뭐 할 거야?'라는 낙담과 회의감이 들곤 해서다. 고백하건대 나도 종종 비슷한 고민을 했다. '나는 왜 이 짓을 하는 걸까? 오늘도 돈 안 되는 짓 하고 있네.' 애써 쓴 글에 악플이 달리거나 아예 아무 댓글도 안 달리면 자괴감이 들면서 흥미가 사라질 때도 있었다.

글쓰기를 하다 보면 포기하고 싶은 순간이 온다. 글을 써서 뭔가 이루겠다고 계획을 세우면 더더욱 자주 찾아온다. 글 써서 뭐 할까? 글을 쓰는 내적 동기가 있어야 한다. 외적동기 말고, 내 안의 동기가 있어야 한다. 글 써서 아무것도 되지 않더라도 즐거워야 한다. 스스로 재미있지 않으면 남들도 내 글을 재밌게 봐주지 않는다. 진짜다. 내가 읽어서 재미없는데 남이 재밌다고 한 꼴을 못 봤다. 연예인 되려고 예능 보는 것 아니고 야구선수 되려고 야구경기 보는 것이 아니듯이 작가 되려고 글을 쓰는 것은 아니다. 이것을 해서 뭐가 되려고 쓰는 게 아니라 나를 위해서 쓴다. 내가 읽고 싶어서 쓰고, 나한테 도움이 되려고 자료 조사를 한다. 적어도 나로서 온전히 살아내기 위해서 글을 쓴다. 일본의 카피라이터 다나카 히로노부는 "인간은 인간이기 위해, 최소한 자신을 싫어하지 않기 위해 글을 쓴다"라고 했다.[3] 자기 기준으로 정한 최소한의 이유다. 아무 이유가 없더라도 글쓰기는 삶의 교양이다. 100세 시대를 사는 요즘, 삶의 교양을 하나 챙긴다는 생각으로 글을 써보자.

글은 잘 쓰고 싶고, '노가다'는 하기 싫고

한 다이어트 챌린지 프로그램에 레전드 참가자가 나온 적이 있었다. 텔레비전 방송에 얼굴이 공개되는데도 자원했다는 것은 그만큼 살을 빼고 싶은 의지가 크다는 의미일 것이다. 해당 프로그램은 단체 생활을 하면서 다이어트를 하는 프로젝트였는데, 그 참가자는 운동을 하다가 힘들다고 포기했다. 트레이너에게는 갖은 짜증을 냈고, 숙소에 와서 배고프다며 컵라면을 먹었다. 먹고 싶어도 참고 있는 다른 참가자들이 눈을 흘겼지만, 그는 하고 싶은 대로 행동하다 결국 다이어트를 포기하고 숙소를 떠났다. 매우 불만 섞인 태도로, 살은 빼고 싶고 운동은 하기 싫고, 살은 빼고 싶고 식단조절은 하기 싫고. 극단적인 사례지만 방송을 보면서 '과연 저런 성향을 지닌 사람이 한 사람뿐일까?'라는 생각이 들었다.

인기 있는 블로그를 만들고 싶은데 글은 쓰기 싫고, 멋진 글을 쓰고 싶은데 글쓰기 훈련은 하기 싫고. 나에게 이런 모습이 있는 것은 아닐까? 글은 누가 대신 써줄 수 없다. 블로그에 의지가 타오를 때는 '디지털 노마드'라고 찬사를 보내다가, 귀찮아질 때는 '디지털 노가다'라며 하지 않을 구실로 삼지 말자. 글쓰기는 '노가다'가 아니다. 글쓰기는 자기 충족적인 '소확행'이다. 자신에게 농밀하게 몰입할수록 소소한 행복은 아주 확실한 행복이 될 수 있다. 글쓰기는 자료의 승부이기도 하다. 공부도 해야 한다. 발로 운영하는데도 인기가 많다고 자화자찬하는 블로거는 과감하게 걸러라. 내가 아는 블로거들은 꾸준하고 성실하다. 가끔은 압도적인 꾸준함에 입이 떡 벌어지기도 한다. 꾸준함의 무서운 점은 복리로 성장한다는 것이다.

제임스 클리어(James Clear)의 『아주 작은 습관의 힘』을 보면, 꾸준한 사람만 알고 있는 복리 성장의 원리가 담겨 있다. 저자도 블로그로 성장한 사람이다. 야구선수였던 저자는 불의의 사고로 야구를 계속할 수가 없게 되었다. 그래서 언젠가부터 주 2~3회씩 블로그에 글을 쓰기 시작했고, 글쓰기 습관 덕에 초대형 베스트셀러를 출간할 수 있었다. 현재 그는 자기 계발 전문가로 활동 중이다. 꾸준히 하면 나에 대한 신뢰가 생긴다. 나는 이 말이 좋다. 내가 나를 믿어가는 것, 그것이 글쓰기다.

글을 쓸 만한
별다른 일이 없다

이것도 글쓰기를 어렵게 하는 요인 중 하나다. 당신은 매일 얼마나 색다른 일상을 살고 있는가? 늘 이벤트가 가득한가? 늘 새로운 사람을 만나는가? 솔직히 그렇지 않을 것이다. 그래서 글을 쓸 게 없다. 매일 똑같은 일상, 매일 똑같은 사람, 매일 똑같은 옷, 매일 똑같은 생각. 언어는 생각의 집이다. 글은 곧 생각이다. 생각에 자극을 주고 생각을 달리하고 생각을 끌어내지 않으면 글로 옮길 게 없다. 글은 감정으로 쓰는 것이다. 영국의 교육자 알렉산더 닐(Alexander Neill)은 감정이 자유로우면 지성은 저절로 발달한다고 했다. 나의 감수성을 터트릴 새로운 자극을 매일 주자.

- 오늘 꽃집에 가서 가장 마음에 드는 꽃을 사 온다.
- 하늘을 보고, 하늘이 이렇게 예뻤나 감상해본다.
- 내 어릴 적 사진을 본다.
- 온 집 안을 탈탈 털어서 정리해본다.
- 생소한 분야의 문화생활을 해본다.
- 한 번도 본 적 없는 장르의 책, 영화, 방송을 본다.
- 다른 나라는 어떻게 돌아가나 관심을 가져본다.
- 매일 해외 토픽을 읽어본다.

손대면 톡 하고 터질 듯한 봉선화처럼 나의 감수성도 손을 대 줘야 터진다. 나는 새로운 자극을 거의 매일 시시때때로 주는 편 이다. 자극을 통해서 가라앉은 무의식이 조금씩 붕붕 비상하는 것 이 좋고, 새로운 나를 발견하는 쾌감을 느낀다. 다양한 장르의 책 을 읽고, 영화 감상을 한다. 〈좋은 생각〉〈내셔널 지오그래픽〉 같은 잡지도 정기 구독한다.

구글 알리미(www.google.co.kr/alerts) 서비스도 활용한다. 관심 분야의 키워드를 등록해놓으면 내 메일로 새로운 소식을 보내준 다. 우리는 알고리즘이 내 취향에 맞춰 추천하는 콘텐츠를 소비하 며 살고 있다. 무슨 의미냐 하면, 실제로 내 취향이 아닌데도 호기 심에 특정 콘텐츠를 클릭했을 때 그 취향이 계속 굳어질 수도 있다 는 뜻이다. 알고리즘은 내가 그것을 좋아하는 줄 알고 비슷한 콘 텐츠만 줄줄이 추천한다. 취향이 알고리즘에 갇힌다. 하루에 한 번쯤은 알고리즘의 추천을 받지 말고, 내가 직접 검색해서 찾아보 자. 알고리즘 그까짓 게 나를 알면 얼마나 알겠는가? 손가락이 미 끄러져서 터치 한 번 실수한 걸 가지고 내 취향이라고 하면 억울하 지 않은가? 내 취향 수정해놓으라고 따지고 싶을 때 가장 쉬운 방 법은 직접 검색이다. 검색 포털 메인이 아니라 전문 사이트를 찾 아서 콘텐츠를 접하는 것도 좋은 방법이다. 의식을 확장해야 한 다. 지금 당신 안에는 어마어마한 보물이 가득하다. 그걸 꺼낼 기 회의 열쇠를 찾아보자.

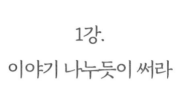

1강.
이야기 나누듯이 써라

블로그는 말하듯이 쓴다. 내 앞에 친한 사람이 앉아 있다는 생각으로 그 사람에게 말하듯이 써보자. 7년간 블로그를, 5년간 책을 써보니 내가 확실히 느낀 것이 있다. 같은 내용인데도 책 글과 블로그 글은 차이가 있다는 것이다. 책에 쓰는 대로 블로그에 쓰면 이상하게도 반응이 적다. 처음에는 글 내용 자체에 흥미가 떨어지는 줄 알았는데 아니었다. 나중에야 들은 이야기지만, 출판계에서도 책 글을 그대로 인터넷에 적용하지 않는다고 한다. 책 글은 정제되고 갖추어진 느낌이라면, 블로그 글은 그보다는 말랑말랑하다. 블로그는 소통 플랫폼이기 때문이다.

블로그는
글자로 대화하는 것

사용자가 "이 사람과 대화하는 것 같아" 이런 기분을 느끼도록 쓰면 된다. 사족이지만, 혼자 앉아 말하는 형식의 유튜브 콘텐츠를 구상 중이라면 써먹길 바란다. 유튜브에도 통한다. 구독자와 유튜버가 일대일로 대화하는 기분을 선사해보자. 극단적인 사례지만 블로그에서는 이렇게 써도 된다. 다음은 내가 네이버 포스트 공모전에서 수상한 뒤 블로그에 쓴 글이다.

• 공모전 발표일에 쓴 글 •

신장이 너무 떨리고... 손빛이 띨리고.... 솔직히 지금 키보드가 잘 안 쳐져요. ㅠㅠㅠ '극한육아'가 8월 도전 포스트에서 2등을 차지했습니다!!!! 이거 진짜죠? 꿈 아니죠???

저 진짜 너무너무너무 심장 쿵쾅대고!!!!!! 미추어버릴 것 같아요~!!!!!!!!

맨 처음 공모전 응모한다고 했을 때 남편은 감사상이나 받으면 다행일 거 같다며 되겠냐고 걱정하던데, 세상이나 이렇게 큰 선물을 받다니요~!!!! 까아~!!! 상금 50만 원에 제 포스트에 2등 배지도 준다네요. 경력 단절되고 처음으로 돈 벌어봅니다.

이게 다 '극한육아'를 아껴주시는 독자님들 덕분이에요. 여러분 진심으로 진심으로 감사합니다!!!!!! 앞으로 더 열심히 정성 어린 포스팅 하도록 노력하겠습니다!!!!!

글이 동영상으로 튀어나와서 내 앞에서 말하는 것 같지 않은가? 실제 내 말투와 흡사하다. 당시의 감격이 글에 그대로 담겨 있다. 블로그 글은 맞춤법이 조금 틀려도 되고, 대화하듯 구어체로 써도 된다. 물론 가급적 국어 파괴, 맞춤법 파괴는 안 하는 것이 좋다. 하지만 손을 벌벌 떨며 수상 소감을 남길 때는 귀엽게 봐줄 수도 있는 것이 블로그다. 흥분된 내 마음을 그대로 표현하기 위해서 문장 부호도 아낌없이 사용했다. 목소리 높여 말하고 싶은 부분은 큰 글자로 표현하기도 했다. 덕분에 수년이 지난 지금도 그때의 내 감정과 흥분을 그대로 느낄 수 있다. 저 글을 읽고 잘 썼다는 사람은 아무도 없을 것이다. 만약 저런 글을 책에 쓴다면 욕먹기 딱 좋을 것이다. 그래도 들어갈 건 다 들어갔다. 공모전 당선이라는 상황, 지금 내 심정, 독자들에 대한 감사함. 나는 내 마음을 충분히 전달했다고 생각한다.

이렇게 시작하면 된다. 쓰다 보면 성장한다. 블로그는 프로 작가가 아닌 나를 인정해준다. 수준 높은 글을 쓰라고 요구하지도 않는다. 말하듯이 써보자. 한 블로거는 사투리로 글을 쓰기도 한다. 덕분에 지역 사람들이 "경상도 어디에 사세요?" 하고 댓글을 달기도 하고, 친근하고 유머러스한 느낌을 주어 캐릭터로 자리 잡았다. 우리는 지금 신춘문예에 등단하려고 블로그를 하는 게 아니다. 백일장이 아니다. 논술시험도 아니다. 문학적인 부담감을 버리자. 누가 읽을 것인가, 어떤 내용을 쓸 것인가가 가장 중요하다. 말이 글이고, 글이 말이다. 말하듯이 쓰자.

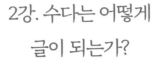

2강. 수다는 어떻게
글이 되는가?

수다 속에
보물이 있다

　　　　　지인끼리 근황을 나누는 단체 카톡방
이 있다. 언젠가부터 주식 공모주 청약 이야기를 꺼내는 사람이
있었다. 편의상 'A씨'라고 하겠다. A씨는 늘 이런 말로 단톡방의
포문을 열었다. "굿모닝~ 다음 주에 ㅇㅇㅇ 청약이 있어요. 관심사
를 나눌 사람이 없어서 이 방에다 말합니다. 관심 없는 분들 죄송
합니다." 단톡방 멤버들은 매번 좋은 정보를 나눠줘서 고맙다고
했지만, A씨는 항상 미안하다는 말을 빼놓지 않았다. "A님, 주식

공모주 청약하는 거 재미있으세요?" 내가 물었다. "너무 재밌어요. 이걸로 용돈도 쏠쏠하게 벌어요." 내가 되물었다. "그 이야기를 블로그에 해보면 어떠세요? 관심 있는 분께 도움도 되고, 주식 공부하는 분들과 공감대도 나눌 수 있잖아요." 그랬더니 블로그에 관심은 있지만 자신이 없다고 했다. "푼돈으로 겨우 공모주 청약하는 건데요, 뭐. 저보다 전문가들도 많으시고요."

　나는 그동안 단체 대화방에 올라온 A씨의 글을 찾아봤다. 그 글만 모아도 이미 글 10개 이상은 나올 분량이었다. A씨가 스스로 하찮다고 해도 주식 청약의 '주'자도 모르는 사람에게는 경험 선배다. 나는 주식 투자를 처음 할 때 주식계좌를 만드는 법도 몰라서 한참을 헤맸다. 베테랑 주식 투자자에게는 우습게 보일지 몰라도, 이제 막 해보려는 사람에게는 주식계좌 만드는 법도 귀한 정보다. 이런 정보를 제공해주는 블로그가 얼마나 도움이 되고 고마웠는지 모른다.

　A씨의 꿈은 꾸준히 투자 공부를 해서 경제적 자유를 누리는 것이라고 했다. 만약 A씨가 미래에 목표를 달성한다면, 블로그의 기록이 무용담이 되고, 성장 스토리가 된다. 주식 투자로 경제적 자유를 누리게 되었다는 이야기는 2차 콘텐츠로 가공할 수도 있다. 하지만 기록하지 않은 상태에서는 일일이 증거를 대가면서 설명해야 한다. 맹점은 먼 훗날 과거사를 하나하나 풀어놓고 싶어도 기억이 안 난다는 것이다. 극적이거나 결정적인 순간만 일부 기억날 뿐, 초보부터 경제적 자유를 누리기까지의 섬세한 여정은 사실

상 사라진 후다. 나만 아는 이야기이기 때문에 다른 사람에게 "그 때 내가 어떻게 했더라?" 물어도 소용없다. 수다를 우습게 보지 말자. 오늘의 수다 속에 내 관심사와 잠재력이 있다. 내가 카톡에서 하는 말, 내가 검색창에 치는 단어에 내 진심이 있다.

수다는 이렇게
글이 됩니다

당신의 수다 속에는 말하고 싶은 메시지가 있다. "이 집 떡볶이 진짜 맛있어. 너도 먹어봐." "파마하고 다음 날 머리 감지 마. 다 풀려." "이 영화 꼭 봐. 시간 가는 줄 모르고 봤어." 그러면 친구가 물어볼 것이다. "왜 그래야 되는데?" "얼마나 좋았길래?" "나도 하려면 어떻게 해야 돼?" 이렇게 관심을 보이는

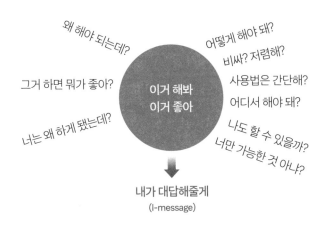

왜 해야 되는데?
어떻게 해야 돼?
비싸? 저렴해?
그거 하면 뭐가 좋아?
사용법은 간단해?
어디서 해야 돼?
너는 왜 하게 됐는데?
나도 할 수 있을까?
너만 가능한 것 아냐?

이거 해봐
이거 좋아

내가 대답해줄게
(I-message)

친구에게 설명해준다는 마음으로 글을 쓰면 된다. 관심 없는 친구 말고, 관심 있는 친구다. 검색을 통해 내 글을 찾는 사람은 대부분 관심 있는 사람이기 때문이다. 내가 어떤 이야기를 했는데 관심을 보이는 친구가 있으면 나도 신이 난다. 그 친구가 해보고 싶어서 관심 어린 눈으로 자세한 방법을 물어보면 뭐라고 말해주겠는가?

남들이 나에게
물어보는 것에 주목하라

지인 중에 피부가 좋은 사람이 있다. 이 사람에게 주변인들이 피부 좋은 비결이 뭐냐고 자주 물어봤다고 한다. 그 말을 듣고 보니 자신의 피부관리법이 어떤지 돌아보게 되었다. 나에게는 익숙한 것이지만 다른 사람에게는 도움이 될 수도 있을 것 같아서 정보를 공유했다. 나에게 당연한 1일 1팩이 누군가에게는 신선한 정보였고, 나에게는 당연한 동백꽃 오일이 누군가에게는 대단한 정보였다.

또 한 사람은, 남편이 지하철 노선을 그렇게 물어본다고 한다. "○○ 역에서 기차로 갈아타려면 어떻게 해야 해?" 물어볼 때마다 카톡으로 대답하려니 번거롭고 글자만으로 알려주는 것이 한계가 있었다고 한다. 남편에게 알려줄 용도로 정확한 정보를 확인해 블로그에 정리했다. 남편에게 필요한 정보가 또 다른 사람에게도 도움이 되었다.

나도 이런 경험이 많다. 주변에서 나에게 물어보는 이유가 있다. 왠지 내가 알 것 같기 때문이다. 주변 사람에게 도움을 주겠다는 마음으로 글을 써보자. 그 사람에게 말하듯이. 이렇게 글을 써두면, 지인이 또다시 물어볼 때 블로그 링크를 보내주면 된다. 만약 내가 쓴 글을 보고도 계속 물어본다면 글을 보고도 의문이 해소되지 않았을 확률이 높다. 그 답을 정리해서 추가로 글을 쓴다. 이렇게 반복하다 보면 내가 잘 아는 지식이 블로그에 쌓인다. 쓸거리는 일상에 있다. 멀리서 찾지 말자. 바로 코앞에 있으니까.

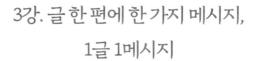

그렇다면 수다를 어떻게 글로 쓸까? 한 걸음씩 나가보자. 먼저, 내가 말하고픈 메시지를 한 문장으로 쓴다. 친구한테 전하고 싶었던 알맹이는 무엇인가? 이 연습을 계속하면 글 하나에 메시지 하나를 담는 습관이 생긴다. 처음에는 한 문장으로 딱 떨어지지 않을 수도 있다. 길면 긴 대로 몇 문장으로 쓴 후에 줄여도 된다. 메시지를 생각해보는 과정은, 막연하게 '좋다' '해봐라' '하지 마라' 하는 자기주장에 근거를 대는 작업이다. 무엇이 어떻길래 친구에게 말을 꺼낸 것인지 메시지에 담아보자.

| 수다 → 한 줄 메시지 |

수다		한 줄 메시지
이 집 떡볶이가 진짜 맛있어. 너도 먹어봐.	➡	○○지역 떡볶이 맛집, 입맛 없을 때 가보세요.
파마하고 다음 날 머리 감지 마. 다 풀려.	➡	파마 오래 유지하려면 최소 24시간 안에는 감지 마세요.
이 영화 꼭 봐. 시간 가는 줄 모르고 봤어.	➡	영화 ○○, 몰입도 최고! 액션영화 좋아하는 분께 추천합니다.
주식 공모주 청약해봐. 초보도 할 수 있어.	➡	재테크에 관심 있다면 주식 공모주 공부해보세요.

위에 정리한 문장은 제목이 아니다. 메시지다. 제목 짓는 법은 뒤에서 다루겠다. 제목은 글의 간판이고, 메시지는 글의 내용이다. 내 글에서 메시지 하나만 건져가면 성공적이다. 글을 다 읽고 나서 어쩌라는 건지 헷갈리는 글은 메시지가 여러 개이거나, 메시지가 없다. 나조차도 무얼 말하려는지 정하지 않고 썼기 때문이다. 글 하나에 메시지 하나다. 다른 메시지를 말하고 싶으면 글 한 편을 더 쓰면 된다. 글 하나에 다 때려 넣지 말자. 오늘 글 쓰고 말 것이 아니다. 우리는 내일도 쓰고, 모레도 쓸 것이다. 쓸 날은 많다. 한 번에 하나씩. 기억하자.

1글 1메시지로
써야 하는 이유

왜 한 번에 한 메시지냐고? 이런 실험이 있다. 200명이 릴레이 귓속말로 '하얀 토끼'와 '달고 빨갛고 맛있는 사과'를 전달하는 게임을 했다. '하얀 토끼'는 200명을 거쳐도 마지막에 '하얀 토끼'로 잘 도착했다. 반면 '달고 빨갛고 맛있는 사과'는 아무것도 전달되지 않았다. 한 번에 3가지 메시지를 전달했기 때문이다.[4] 일본 광고업계에서 취직 희망자를 대상으로 자주 하는 실험이라고 한다. 광고는 15~30초라는 짧은 시간에 메시지를 전달해야 한다. 모바일 환경에서 주로 이용하는 블로그도 마찬가지다. 사용자는 이동 중에, 빠르게, 여유가 부족한 상태에서 블로그 글에 접속한다. 사용자가 읽고 '아, 이 글은 이런 말을 하는 글이구나' 느끼면 된다. 평소 한 문장 정리를 연습해보는 것도 좋다. 영화, 드라마, 책, 인물 등을 한 문장으로 요약해보는 것이다.

- 웹드라마 <오징어 게임>: 다 죽고 나만 살아남아야 456억 원의 상금을 받을 수 있는 잔혹한 게임
- 드라마 <눈이 부시게>: 알츠하이머 노인의 눈으로 바라본 삶의 소중함
- 드라마 <나의 아저씨>: 마음을 여는 열쇠는 바람이 아니라 따스한 햇살이다.
- 노래 <다이너마이트>: 일상을 다이아몬드처럼 여기며 파티를 하듯 즐기자.

- 영화 <블랙 위도우>: 인간이 어떤 철학을 선택하는가가 삶을 결정한다.
- 책 「뚝배기, 이 좋은 걸 이제 알았다니」: 뚝배기 한 그릇에 담긴 요리 사랑과 자기애
- 책 「쓰레기에 관한 모든 것」: '쓰레기학과'가 생겨야 한다.
- 영화 <월-E>: 인류가 거주 불가능한 지구를 떠난 후 홀로 지구를 지키는 청소 로봇의 삶
- 책 「사는 게 뭐라고」: 내 방식대로 늙어가자.
- 영화 <크루엘라>: 악당에게도 서사가 있다.

    한 문장 메시지 연습의 덤은 일상을 대하는 안목이 풍성해진다는 점이다. 나와 관련된 모든 일상에 메시지가 있다는 것을 발견할 수 있다. 무심코 흘려 보는 것과 한 문장을 떠올리며 보는 것은 천지 차이이다. 세상의 메시지를 읽을 줄 아는 사람이 내 글에 메시지도 담을 수 있다.

4강. 잘 읽히는 글에는 구조가 있다

한 문장 메시지를 정하고 나면 글 구조에 맞춰 정리해본다. 글은 구조다. 얼개, 짜임새라고도 한다. 잘 읽히는 글은 구조가 깔끔하다. 기교나 문장력보다는 구조 잡는 연습을 하자. 구조를 지배하는 자가 글을 지배한다. 다른 글을 볼 때도 구조를 파악해보면 구조를 보는 안목이 발달한다. 끌리는 구조가 있다면 그 글의 구조를 따라 해봐도 좋다.

블로그는 앞부분에
하이라이트를

우리는 학교에서 소설의 구성에 대해 '발단-전개-위기-절정-결말'에 맞춰서 쓰라고 배웠다. 발단은 뭔가 일어날 것 같은 암시나 배경 설명, 인물 소개로 쓰인다. 블로그에서는 발단이 절정이다. 하이라이트를 첫 부분에 배치해야 한다. 뒷부분에 서프라이즈로 뺑 터뜨리려고 아끼지 마라. 아끼다 똥 된다. 블로그 방문자는 바쁜 사람들이다. 초반 3초를 스르륵 보다가 도움 될 게 없을 것 같으면 나가버린다. 저 뒤에 다이아몬드 같은 정보가 있는 줄도 모르고 떠나는 것이다. 우리는 글 앞부분에 "이 글에 당신이 찾는 다이아몬드가 있으니 끝까지 보라"고 친절하게 명시해야 한다. 이는 유튜브 영상 구성의 법칙과도 일맥상통한다.

예전에 섬 여행을 갔는데, 선착장 가는 길에 주유소가 있었다. 주유소 앞에 이런 팻말이 붙어 있었다. "섬에 가면 주유소 없습니다. 마지막 주유소입니다. 기름 넣고 가세요." 섬에 가보니 진짜 주유소가 없었다. 팻말이 없었다면 초행인 나는 미리 알지 못했을 것이다. 블로그 도입부도 이 팻말처럼 미리 알려주면 된다. 독자들은 모른다. 이 글 속에 무슨 내용이 있는지. 도입부는 영화 예고편이다. 도입부에 핵심 내용을 예고하라.

스크롤을
내리면서
읽는다

제목·섬네일
흥미 자극 / 클릭 유발
도입부
기대감 제시 / 글의 목적, 이유 밝히기 / 원하는 정보가 있다고 알려주기
본문
도입부에 제시한 정보를 실제로 담은 글
결론
도입부를 한 번 더 강조하면서 마무리

한 편의 글에
한 가지 메시지

· 도입부에 핵심 내용을 배치한 글의 예 ·

before

100세 시대에 가장 큰 고민 중 하나는 노후 자금 마련일 것입니다. 저는 내년에 은퇴를 준비 중입니다. 가진 재산은 집 한 채뿐입니다. 중·고등학생 자녀가 있어서 교육비 고민도 많습니다. 아내와 이 문제를 놓고 고민을 하고 있는데 어떻게 하면 좋을지 모르겠습니다. 그러다가 얼마 전에 지인의 추천으로 노후 설계 전문가를 만났습니다. 상담해보니 이러이러한 이야기를 해주셨습니다.

→ 무슨 말을 하고 싶은 건지 요점이 안 잡히는 도입

after

초저금리 시대, 노후 자금 계획은 준비되셨나요? 저는 내년에 은퇴를 준비 중인데요, 주변에 물어보니 은퇴가 임박한 상태에서 노후 설계가 가장 난감하다고 합니다. 그렇다고 방법이 없는 건 아니겠죠? 오늘은 은퇴자들이 가장 먼저 해야 할 노후 자금 계산법을 알려드리겠습니다. 저도 해봤는데 현실적인 노후 자금을 알아보기 좋더라고요. 간단한 공식입니다. 바로 '25배 법칙'입니다. 지금부터 알려드릴게요.

→ 노후 자금 계산법을 알려주겠다는 핵심을 언급한 도입

3강에서 예시로 든 한 줄 메시지를 구조에 맞춰 정리해보겠다.

| 수다 → 한 줄 메시지 |

제목 / 섬네일	[한 줄 메시지를 전달하는 제목] 주식 공모주 청약 처음이세요? 첫 청약 제대로 하는 법 알려드립니다.
도입	[한 줄 메시지를 주장하는 이유/그래서 오늘 알려줄 것은 무엇?] 아파트만 청약하는 것이 아니다. 주식에도 청약이 있다. 내가 주식 공부를 해보니 공모주 청약만큼 초보자가 하기 쉬운 재테크도 없는 것 같다. 그래서 오늘은 주식공모주가 무엇이며, 어떻게 정보를 얻는지 알려드리겠다.
본문	[언제/어떻게/무엇을] - 주식 공모주 청약이란 무엇인지 개념 알려주기 - 어디서 정보를 얻는지 - 어떻게 청약하면 되는지 - 모든 공모주가 다 좋은 건지 - 청약하기 좋은 공모주를 고르는 법은 무엇인지
결론	[도입 강조, 메시지 강조] 내가 주식 공부를 해보니 공모주 청약만큼 초보자가 하기 쉬운 재테크도 없는 것 같다. 오늘 다 알려주지 못한 정보는 다음에 알려주겠다. 공모주 청약 꼭 해보길 바란다.

본문 내용을 정리하다 보면, 메시지를 전달하기 위해 말해주고 싶은 내용이 점점 늘어날 수 있다. 좋은 현상이다. 이게 바로 글감이다. 이 글 한 편에서 다 풀기 너무 방대하다면 따로 글을 쓰자. 그리고 같은 소재의 글끼리 서로 연결해주자. 글 본문에 연관 글의 링크를 삽입하면 된다. 그러면 사용자는 링크를 클릭하면서 관심 있는 다음 글로 편리하게 이동할 수 있다. 잘되는 블로그는 이런 식으로 사용자의 체류 시간을 늘린다.

본문에 링크가 없으면 사용자는 관련 글을 일일이 찾아봐야 한다. 내 팬이 아닌 이상 이런 귀찮음을 좋아하는 사람은 없다. 팬이어도 귀찮은 건 질색이다. 전설적인 영화감독 알프레드 히치콕(Alfred Hitchcock)이 "좋은 스토리란 인생에서 지루한 부분을 덜어낸 것"이라 했다면, 나는 이렇게 말하고 싶다. 좋은 포스팅이란 글에서 귀찮음을 덜어낸 것이라고. 블로그 글에서 링크는 배려다. "이 글도 읽어보세요"라며 눈앞에 대령하자.

5강. 자려고 누워도 생각나는 인상 깊은 글 쓰는 법

도입부에 기대감만 주면 안 된다. 예고편에 홀려 영화를 봤는데 실망한 적이 있는가? 본편과 예고편이 동떨어져 있거나, 예고편 내용이 영화의 전부인 경우도 있다. 기대감은 실컷 끌어놓고 내용은 형편없다면 블로그 운영자는 신뢰를 잃기에 십상이다. 실제로 인터넷상에는 제목은 그럴싸하지만 내용은 부실한 콘텐츠를 어렵지 않게 찾아볼 수 있다. 혹하는 제목에 클릭했다가 소위 "낚였다"는 기분을 느껴본 사람이 어디 한둘인가. 예고편에 걸맞게 본편도 충실해야 한다.

올림픽 서핑
해설자처럼 써라

글을 쓸 때는 2020 도쿄올림픽 서핑 해설자처럼 쓰자. 2020 도쿄 하계올림픽에서 올림픽 역사상 처음으로 서핑이 정식 종목으로 채택되었다. 서핑은 우리나라 국민에게 생소한 스포츠다. 그런데 이 올림픽 해설을 통해서 관중은 서핑의 매력에 푹 빠져버렸고, '인생 해설'이라며 큰 화제를 모았다. 아직 못 본 사람이 있다면 영상을 찾아보길 바란다. 이런 해설은 나도 사십 평생 처음 봤다. 남자 서핑 결승전이었다. 관중은 서핑 규칙도, 어떻게 해야 잘 타는 건지도 모른다. 출전 선수의 역량이나 그들의 성장 과정은 당연히 모른다. 해설자는 관중들이 서핑에 문외한이라는 점을 전제로 해설을 준비했다. 중계가 시작되었다. 출전 선수들이 등장했다. 해설이 흘러나왔다.

"이탈로 페레이라 선수는 브라질 북동부 출신 빈민가에서 자란 선수예요. 아버님이 어부였는데 생선을 보관하는 아이스박스 있잖아요. 아이스박스 뚜껑 위에서 서핑을 배웠다고 하네요. 반면에 일본의 이라가시 선수는 엘리트 서핑 선수 과정을 밟으면서 자랐습니다."

해설이 없다면 브라질 선수, 일본 선수로만 알고 있을 두 사람이었다. 해설을 듣고 나서 머릿속에 그림이 그려졌다. 두 사람이 자라온 여정이 필름처럼 지나갔다. 성장 과정만으로 이미 역대급

드라마였다. 시합이 시작되었다. 서핑이 파도 타는 스포츠라는 것은 누구나 안다. 하지만 어떻게 하는 것인지 자세한 건 모른다. 해설자는 마치 서핑 가이드처럼 친절하게 설명해주었다.

"앉았다 일어났다 하면서 퐁퐁퐁 하는 건 스피드를 높이는 동작입니다."
"'어떤 게 좋은 기술이냐'라고 물으시면 선수들이 턴을 할 때 시원하게 뿜어져 나오는 스프레이가 있습니다. 스프레이가 부채꼴 모양으로 나오는지, 스프레이가 얼마나 많이 시원하게 나오는지, 라이딩이 끝났을 때 '이야, 시원했다' 하시면 좋은 라이딩이구나 생각하시면 됩니다."
"태풍으로 인해서 바닥에 쌓여 있던 부유물이 지금 많이 올라온 상태라 거품을 보시면 흰색이 아니라 약간 노란빛을 띠고 있잖아요. 보드가 굉장히 미끄러운 상태일 거예요. 저런 거품은 미끄럽거든요."

서핑을 오래 한 친구가 이제 막 서핑을 해보려는 친구에게 다정하게 설명하는 것 같지 않은가? 눈으로 봐서는 알 수 없는 촉감까지도 상상할 수 있었다. 이 해설이 감명 깊었던 또 하나의 이유는 해설자의 적절한 비유다.

"서핑계에서 가장 많이 쓰는 말이 '똑같은 파도는 절대 오지 않는다'입니다. 선수들이 이런 상태를 불평할 필요는 없는 것 같아요. 주어진 상황에서 최대한 열심히 해야 한다, 이 점이 인생하고 닮은 점이 아닐까 생각합니다."

좋아하는 마음을
있는 힘껏 표현하라

나는 중계방송을 보고 송민 해설위원
의 유튜브를 찾아갔다. 서핑에 입문한 계기와 올림픽 해설을 하게
된 연유까지 자세히 알 수 있었다. 그는 초등학교 3~4학년 때쯤
서핑을 소재로 한 영화를 보고 큰 감명을 받았다고 한다. 오랜 시
간 간직해온 꿈을 20대에 호주로 유학을 가면서 이룰 수 있었다.
역시 서핑은 재밌었다. 공부를 못하거나 자금이 떨어지면 고국으
로 돌아가야 하니 공부도 아르바이트도 열심히 하게 되었다고 한
다. 심지어 공부와 일이 신이 났단다. 본업에 충실할수록 자신이
좋아하는 서핑을 계속할 수 있었기 때문이다.

그렇게 20년간 한 우물을 팠다. 올림픽 해설위원 제안을 받았
을 때, 서핑을 모르는 사람도 즐겁게 관람하려면 스토리텔링이 필
요하다고 생각했단다. 그는 서핑 스승에게 전화해 출전 선수의 성
장기와 역량을 자료 조사하고, 시청자의 눈높이에 맞춰 쉽게 설명
하도록 준비했다. 인생을 파도에 비유한 설명은 미리 준비한 것
이 아니라 평소 생각이라고 한다. 해설위원을 맡기 전에 유튜브에
서 재미로 서핑 해설을 한 것도 도움이 되었다. 송민 해설위원의
서핑 성장 과정이 디지털 창작자의 삶과 닮았다는 생각이 들었다.
나의 재미를 추구하고 거기에 몰입하며 철학을 만들어간 시간이
고스란히 올림픽 해설에 녹아들었다. 서핑 해설자처럼 인상 깊게
쓰는 법은 다음과 같다.

인상 깊은 글 쓰는 법

1. 나는 알고 남은 모르는 정보를 쓴다.

2. 구체적으로 쓴다.

3. 상상이 가도록 글자로 그림을 그리듯 쓴다.

4. 내 생각, 내가 감명받은 점 등 소회를 쓴다.

5. 현상 뒤의 이면이나 배경을 쓴다.

6. 촉각, 미각, 후각, 통각 등 눈에 보이지 않는 감각을 묘사한다.

앞서 말한 '인생 해설'의 일등 공신은 자료 조사였다. 자료 조사는 모든 일의 출발이다. 댄서가 안무를 짤 때도, 사업가가 물건을 팔 때도 자료 조사는 필수다. 방송작가가 되면 처음 하는 수련이 자료 조사다. 나는 KBS〈인간극장〉에서 2년여간 자료 조사를 비롯한 기본기를 다졌다. 이때 작가로서의 모든 기량을 다졌다고 해도 과언이 아니다. 〈인간극장〉은 사람의 이야기를 방송하는 프로그램이다. 나는 사람을 찾아야 했다. 어떤 사람을 찾을지는 개인의 상상이나 논의를 통해 결정한다. 때로는 영화적 상상을 통해 가공의 인물을 만들어놓고, 실제 사람을 찾기도 한다. 대한민국에서 김 서방 찾기다.

처음 작가가 되었을 때는 너무 막막했다. 나는 글을 쓰려고 왔는데 왜 이걸 해야 하는지도 의문이었다. 마치 무술을 배우러 소림사에 갔는데 매일 허드렛일만 하는 기분이랄까? 무협영화의 레퍼토리처럼 나도 그 허드렛일 덕분에 성장할 수 있었다. 글감은 '창조하는 것'이 아니라 '발견하는 것'이라는 귀한 배움을 얻었다.

잘되는 블로그는 말투가 겸손하고 정보가 정확하다. 자료를 찾으려면 최우선은 좋은 자료가 있을 것이라고 믿어야 한다. 믿지 않으면 찾을 수 없다. 없을 거라고 여기면 금세 포기하게 된다. 자료 조사에 좋은 곳은 도서관이다. 당시 국회도서관, 국립중앙도서관에 뻔질나게 드나들었다. 도서관에는 사보, 주간지, 일간지, 마을에서 발간하는 신문까지 없는 것이 없다. 최신 트렌드나 흥미로운 인물을 발견하면 복사해서 스크랩해놓고 회의자료로 회람했다. 2년간 고도의 트레이닝을 받고 나니 어떤 자료를 찾아오라고 해도 두렵지 않았다. 찾기만 하면 세상에는 없는 게 없다. 충실한 자료 조사는 내 글에 아이디어와 근거를 부여하면서 동시에 이야기가 된다.

자료 조사에 도움이 되는 곳

(가나다순으로 정리)

가판대(국내 신문, 잡지 링크 모음): www.newsstand.co.kr

공공데이터포털: www.data.go.kr

교보문고·학지사 학술논문서비스 스콜라: scholar.dkyobobook.co.kr

교육부: www.moe.go.kr

구글 트렌드: trends.google.com

구글 학술검색: scholar.google.co.kr

국가통계포털: kosis.kr

국립국어원 표준국어대사전: stdict.korean.go.kr

국토교통부: www.molit.go.kr

국회전자도서관: dl.nanet.go.kr

금융감독원: www.fss.or.kr

금융위원회: www.fsc.go.kr

기획재정부: www.moef.go.kr

네이버 데이터랩: datalab.naver.com

네이버 지식백과: terms.naver.com

대한민국 정책브리핑: www.korea.kr

외교부: www.mofa.go.kr

질병관리청: www.kdca.go.kr

카카오 데이터트렌드: datatrend.kakao.com

학지사 뉴논문: www.newnonmun.com

행정안전부: www.mois.go.kr

마음껏 궁금해하라,
궁금증이 나를 성장하게 한다

"책은 당신보다 오래 살 것이다." 테드 (TED) 강연에서 미국의 북 디자이너 칩 키드(Chip Kidd)가 한 말이다. 문득 궁금해졌다. 그렇다면 블로그는 어떨까? 나에게는 블로그도 내가 쓴 책이나 다름없는데, 내가 죽으면 내 블로그도 나보다 오래 살까? 네이버가 죽은 사람의 블로그를 존재하도록 내버려 두나? 그 사람이 살았는지 죽었는지 어떻게 알지? 궁금증이 꼬리에 꼬리를 물고 이어졌다.

나는 네이버 고객센터에서 관련 정보를 찾아봤다. 놀랍게도 관련 정책이 있었다. 나에게는 생소한 개념인 디지털 유품과 디지털 유산이다. 개인화 서비스, SNS 등의 인터넷 서비스 이용이 증가하면서 사진, 글, 이메일, 동영상 등 고인(故人)의 흔적도 다양해졌다. 이러한 디지털 유품은 크게 아이디, 비밀번호 같은 '계정 정보', 이메일 내용과 같은 '이용 정보', 카페 및 블로그 등에 공유한 글, 사진, 영상 등과 같은 '공개 정보'의 3가지로 분류할 수 있다고 한다. 이와 같은 분류는 기준을 정하는 방식에 따라 다양할 수 있단다.[5]

현 정책상으로는 내가 세상을 떠나면, 유족들이 요청하는 경우 블로그 공개 글은 백업을 지원해준다고 한다. 생전의 이용자 프라이버시 보호를 위해 비공개 이용 정보는 제공하지 않는다. 아이디 및 비밀번호와 같은 '계정 정보'도 제공하지 않는다. 나의 궁금증은 여기에서 그치지 않았다. 그렇다면 다른 플랫폼의 디지털 유품 정책은 어떨까? 다른 나라의 정책은? 또 다른 디지털 유산에는 무엇이 있을까? 해답을 알아낸다면 그 희열은 참을 수 없는 지적 엔터테인먼트다. 디지털화된 정보를 찾을 때는 검색어가 검색 결과를 좌우한다.

만약 내가 반드시 포함하고 싶은 검색 결과와 빼고 싶은 검색 결과가 공존한다면, 다음 공식을 활용해보자. 나는 동명이인이 많아서 나를 검색하려면 이렇게 해야 한다.

한혜진 + 작가 − 배우 − 모델

이렇게 하면 '한혜진'에 대한 검색 결과 중 '작가'를 포함하고 '배우' '모델'을 제외한 상세검색 결과가 나온다. 그다음은 검색 결과를 이 잡듯이 집요하게 찾아야 한다. 한두 페이지 넘겨보고 없다고 생각하면 오산이다. 그다음 페이지에 있을 수도 있다. 완성된 글을 찾으려고 하지도 말자. 한 문장의 단서라도 소중하다.

자료 조사를 통해 그동안 몰랐던 사실을 알 수 있었다. 그러고 보니 좋은 콘텐츠를 만들려고 노력만 했지, 이걸 나중에 어떻게 정리할지는 생각해본 적이 없었다. 내가 죽어도 남는 기록이라면 감히 함부로 활동할 수 있을까? 디지털 세상에 좋은 인상을 심어 놓고 싶어졌다. 호기심/질문 → 자료를 찾는 여정 → 찾은 결과를 이야기로 정리하면, 한 편의 글이 탄생할 수 있다. 이 글은 나처럼 호기심 많은 또 다른 사용자의 시간을 아껴줄 수 있을 것이다. 마음껏 궁금해하라. 궁금할 때마다 적어놓아라. 그리고 자료를 찾아라.

어떤 자료를 찾을까?

- 역사를 찾아라. 그것의 최초, 그것의 처음을 찾아보자.

- 사례를 찾아라. 그것을 설명해줄 실제 사례를 찾아보자.

- 인용을 찾아라. 그것을 대신 말해줄 공신력 있는 전문가나 유명인, 책, 글을 찾아보자.

- 자료를 찾아라. 그것을 구체적으로 설명할 수 있는 사진, 동영상 같은 자료를 찾아보자.

- 도플갱어를 찾아라. 그것을 나처럼 느낀 누군가를 찾아보자.

- 반대 의견을 찾아라. 그것의 반대편에 있는 의견도 찾아보자.

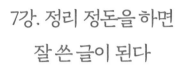

7강. 정리 정돈을 하면
잘 쓴 글이 된다

정리 정돈은 내가 방송작가일 때 배운 글쓰기 법이다. 나는 주로 교양 정보 프로그램을 맡았다. 교양 구성작가의 일이란, 방대한 이야기를 가공해 쉽고 재미있게 스토리텔링 하는 일이다. 어떻게 가공해야 쉽고 재미있을까? 바로 정리다. 대본을 쓸 때는 같은 성질을 가진 정보끼리 모은다. 어떤 글을 쓰든 잘 쓴 글로 보이고 싶다면 이 방법을 활용하길 바란다.

읽기 힘든 글은 정보들이 글 전체에 사방팔방으로 흩어져 있다. 집 나간 정보도 있다. 모양도 색깔도 다른 100개의 레고 블록이 방바닥에 흩어져 있는 형국이다. 같은 색, 같은 모양끼리만 모

	글감별 정리				구조별 정리	
글감A	글감B	글감C
글감D	글감E	글감F
글감G	글감H	글감I

구조별 정리
제목·섬네일
도입
본문
결론

아도 블록이 가지런히 정리된다. 집 나간 블록이 있다면 데려와서
정리해놔야 한다.

끼리끼리
모이면 좋다

지금 이 책도 내가 가진 재료를 같은 성
질의 재료끼리 모아서 정리한 것이다. 동기 부여에 맞는 글은 그
들끼리, 언어의 원리와 종류에 해당하는 글은 그들끼리, 자기 탐구
에 대한 글은 그들끼리. 이렇게 같은 재료를 모아서 보기 좋게 정
리한 것을 우리는 목차 혹은 섹션이라고 부른다.

블로그에 글을 쓸 때 보기 좋게 정리하는 효과적인 방법 중 하
나는, 섹션마다 번호를 붙이는 것이다. 그리고 제목에는 '~~하는
법 ○가지' '~~하는 이유 ○가지'로 숫자가 들어간 제목을 짓는다.
숫자를 붙이면 쓰는 사람도 읽는 사람도 편하다. 다음 표는 번호

제목: 모든 육아서에 꼭 나오는 말 BEST 5		글의 구조 설명
서두: 육아가 어렵고 힘들어서 육아서를 읽기 시작했다. 1년 사이 100여 권이나 읽었다. 육아서마다 공통으로 하는 말이 있어서 신기해서 정리해봤다.		서두에 이 글을 쓰게 된 동기와 독자가 이 글을 읽고 얻게 될 편익을 썼다. 육아서 100권 속에서 공통된 5가지를 뽑았다는 점은 독자의 시간을 아껴줄 수 있어 장점이 된다.
1. 육아 첫 3년이 중요하다.		→ 내가 본 책에서 1번에 해당하는 내용만 뽑아서 정리한다.
2. 아이가 주는 기적을 결코 잊지 말아라.		→ 내가 본 책에서 2번에 해당하는 내용만 뽑아서 정리한다.
3. 아이는 부모를 본보기로 삼아 자란다.	흔히 아는 사실에서 새롭게 아는 사실 순서대로 배치했다.	→ 내가 본 책에서 3번에 해당하는 내용만 뽑아서 정리한다.
4. 아이가 크고 나면 어린 시절이 그립다.		→ 내가 본 책에서 4번에 해당하는 내용만 뽑아서 정리한다.
5. 엄마 자신을 사랑하라.		→ 내가 본 책에서 5번에 해당하는 내용만 뽑아서 정리한다. 5번 항목이 결론을 대체할 수 있도록 마무리 느낌을 강조하면서 썼다. 마무리 느낌이 들지 않으면 결론을 추가로 넣는다.

를 붙여 쓴 예시다. 이 글은 조회 수 약 7만 뷰를 달성했으며, 내 책에도 실렸다. 번호를 붙여 쓸 때는 1번에서 이미 한 말을 2번에 다시 하지 않는다. 1번부터 5번까지는 모두 다른 이야기를 쓴다. 분류해놓고 보니 1번과 3번이 중복된다면 하나를 줄인다.

1번부터 5번까지 분량 조절도 신경 쓴다. 1번은 세 줄인데 2번은 서른 줄이면 분량 차이가 너무 크다. 1번에 들어갈 내용을 더 보강하거나 2번을 축약한다. 글은 잘 버리는 사람이 잘 쓴다. 잘 버리는 사람이 정리도 잘하는 것처럼. 걸리적거리는 것, 없어도 내용에 아무 지장이 없는 것, 내용은 없고 치장만 하는 미사여구는 다 빼라. 정리의 미학을 살리면 글의 구색이 갖춰지고 균형도 잡힌다.

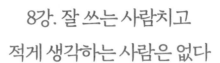

8강. 잘 쓰는 사람치고
적게 생각하는 사람은 없다

블로그 글쓰기를 하면 내가 가진 2가지 자본이 민낯을 드러낸다. 언어 자본과 지식 자본이다. 가방끈이 길고 직장 경력이 길다고 해서 자연스럽게 생기는 자본이 아니다. 특히 블로그에 글을 쓰다 보면 이 밑천이 사정없이 부각된다. 공개적으로 쓰는 글이기 때문이다. 반응이 즉시 온다. 바꿔 말하면 이 작용 덕분에 내가 발전할 수 있었다. 나도 내 밑천을 눈으로 확인하고 나서 명확하게 '공부해야겠다'는 절실함이 들었다.

"다문다독다상량(多聞多讀多商量)." 많이 듣고, 많이 읽고, 많이 생각하라. 송나라 문인 구양수(歐陽脩)가 제자들에게 당부한 글 잘 쓰는 비결이다. 이것이 세월이 흐르며 다독다작다상량(多讀多作多商量)으로 뜻이 조금 바뀌었다. 동서고금을 막론하고 글 쓰는 사람이라면 공통으로 추천하는 비결인 것을 보면 이는 글쓰기의 변치 않는 명품 비결일 것이다. 편지 쓰기, 일기 쓰기로 글쓰기에 대한 호감만 있었던 내가 직업 작가로서 글을 잘 쓰기 위해 한 일도 3가지였다.

민망하게도 사실 작가라는 직업을 갖기 전에는 교과서 외에 책을 전혀 읽지 않았다. 글쓰기 실력이 워낙 부족하고 아는 것이 없어서 생존 독서를 했다. 블로그를 하면서부터는 순수한 궁금증이나 호기심을 해소하기 위해서 책을 읽었다. 단연 후자가 즐거웠다. 글쓰기에 부담을 갖는 사람이라면, 듣고 읽고 생각하는 것부터 시도해보면 좋겠다. 나는 다독, 다상량, 다작을 4대 4대 2로 할 것을 권한다.

맹신하지 말고 거부하지도 말고
다만 생각하라

디지털 시대에 반드시 책만 읽어야 할까? 내 생각을 건드리는 것이라면 무엇이든 좋다. 세상을 반사시키거나 굴절시켜 보여주는 사람과 이야기를 통해서 나만의 심상을 떠올려보자. 대입해보고, 확장해보고, 의문을 가지고, 정반대로도 바라보고, 이리 꼬고 저리 꼬아보자. 예를 들면 이런 식이다.

내가 본 것

김경일 교수는 25년 만에 만난 친구가 "너 아직도 추어탕 좋아하니? 난 추어탕 먹을 때마다 네 생각해"라는 말에 가슴이 뜨끈해지고 눈시울이 붉어졌던 적이 있다고 한다.

내 생각

나에게도 저런 친구가 있을까? 친구에게 내가 특별히 좋아하는 음식을 말해준 적이 있었나? 나는 친구가 좋아하는 음식을 알고 있나? 오랜만에 만난 친구에게 내가 저런 말을 해준다면 정말 좋아하겠구나. 나부터 친구의 취향을 알아주는 사람이 되어야겠다. 갑자기 친구들이 보고 싶다.

• 대입+확장 •

내가 본 것

TV 예능 프로그램에 영화 <완벽한 타인>의 감독이 출연했다. 그는 "집에는 가고 싶어요. 집에 가서 혼자 있고 싶어요"라고 말했다.

내 생각

집에 가는 건 좋은데 집에 가서 혼자 있고 싶다는 말이 절묘하게 공감된다. 나도 가족이 좋고 집도 좋다. 그런데 나도 혼자 있고 싶을 때가 있다. 하지만 나는 화장실에서 용변을 볼 때마저도 문을 열고 있어야 할 정도로 프라이버시가 전혀 보장되지 않는 영유아 부모의 삶을 살고 있다. 감독이 말하는 저 감정은 어떤 의미일까? 혼자는 외롭고 함께는 버거운 현대인들을 대변하는 언어 같다. 가족의 냄새가 나는 나 혼자만의 공간. <완벽한 타인>의 영화 내용과도 연결되는 말 같다.

• 의문 •

내가 본 것

신문 기사 내용: 미국인이 이어폰을 꽂는 건 음악을 잘 듣기 위해서이고, 한국인이 이어폰을 꽂는 건 남에게 피해를 안 주기 위해서다.

내 생각

나는 한국인이지만 음악을 잘 듣기 위해서 이어폰을 사용한다. 미국인도 기차나 비행기에서는 남에게 피해를 주지 않을 용도로 이어폰을 사용하지 않을까? 미국인과 한국인이 이어폰을 사용하는 이유가 다르다고 보편적으로 말할 수 있는가? 저 데이터는 몇 명을 표본으로 도출한 것일까? 평균의 함정, 통계의 함정은 아닐까?

9강. 초고는 과감하게, 퇴고는 소심하게

초고(草稿)는 아직 다 다듬어지지 않은 상태의 원고, 퇴고(推敲)는 글을 가다듬는 일을 말한다. 초고, 퇴고를 거쳐 탈고(脫稿), 즉 글이 완성된다. 헤밍웨이의 "모든 문서의 초안은 끔찍하다"는 말에 동의한다. 아무리 대작가일지라도 일필휘지로 글을 쓰는 사람은 없다. 하물며 대작가도 아닌 나는 더욱 앉은자리에서 단박에 글을 완성한 적이 없다. 글쓰기란, 처음에 우르르 쏟아낸 다음, 알맞은 표현으로 고쳐가는 것이다. 머릿속에 쌓여 있는 블록을 바닥에 우르르 쏟은 다음, 필요 없는 건 빼고, 필요한 것만 골라서 조립하는 식이다. 예를 들어 이 책을 집필하면서 나는 이렇게 퇴고를 했다.

• 처음 쓴 문장 •

처음 일기를 쓸 때는 질문하는 연습을 했다.

우선 생각나는 대로 썼다. 소리 내어 읽어보았다. 문장을 읽으면서 내 마음과 대조해보았다. '처음 일기를 쓸 때 질문하는 연습을 했다고? 내가 처음부터 그랬나? 아닌데. 처음에는 그냥 신세 한탄만 했는데. 처음 일기를 쓸 때 질문은 안 했지. 일기를 쓰면서 점점 질문을 하게 된 거지. 이 문장은 정확하지 않아. 그럼 어떤 표현이 나을까?' 그렇게 해서 아래 문장으로 결정했다.

• 고친 문장 •

일기를 쓰면서 질문하는 연습을 했다.

쓰고 - 쓴 걸 보고 - 보면서 내 생각과 맞춰보는 것이다. 또 다른 예문을 보자.

• 처음 쓴 문장 •

10년 전엔 무지하게 어려웠다. 20년 전엔 엄청나게 어려웠다.

무지하게, 엄청나게. 대체 어느 정도인지 가늠이 안 된다. 10년 전과 20년 전의 차이도 느껴지지 않는다. 머리에 그릴 수 있도록 수정했다.

10년 전엔 초행길을 지도 없이 찾아가는 것처럼 어려웠다. 20년 전엔 눈을 감고 마라톤을 하는 것처럼 어려웠다.

허술한 초고여도
일단 쓰는 것이 중요한 이유

왜 이렇게 쓰라고 하는 걸까? 이유가 있다. 사람은 자기 생각이나 마음을 구체적으로 모른다. 우리는 80% 이상 무의식적으로 살기 때문이다. 뭔가 쓰고 싶은 마음이 들 때는 무의식이 감정을 건드리는 것이다. '뭔지는 모르겠지만, 일단 네가 지금 써야 할 거 같아.' 뇌가 신호를 보낸다. 신호를 느끼고 우리는 펜을 든다. 이때 일단 뭔지는 모르겠지만 막연한 생각을 써본다. 그렇게 쏟아낸 글을 보면 막연했던 내 마음이 시각화된다. 초고와 내 마음을 펼쳐놓고 대비해본다. '이건 내 마음이네' '이건 너무 나갔네' '이건 뭔가 부족하네' 하면서 문장과 단어, 시점, 시제 등을 고친다.

고치다 보면 처음 문장과 완전히 다른 새 문장이 되어 있기도 한다. 그래도 괜찮다. 초고가 없다면 탈고도 없기 때문이다. 시작이 있어야 끝이 있다. 허술한 초고여도 일단 쓰는 것이 중요한 이유다. 픽사 애니메이션 스튜디오의 작품들도 초고와 완성본이 전혀 다른 경우가 허다하다고 한다. 어쩌면 창작의 기본 속성일 것이다. 글은 고치는 미학이다. 나를 쓰면 나를 읽을 수 있다. 나를 읽으면서 하나씩 조율해가면 비로소 내 마음과 결이 같은 글이 탄생한다. 초고는 화끈하게 쏟아내고, 퇴고는 소심하게 골라내자.

| 퇴고 과정 |

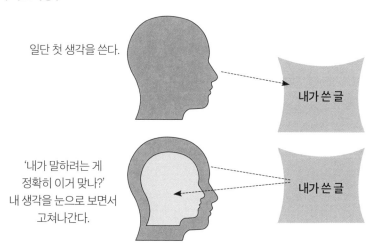

일단 첫 생각을 쓴다.

내가 쓴 글

'내가 말하려는 게
정확히 이거 맞나?'
내 생각을 눈으로 보면서
고쳐나간다.

내가 쓴 글

어떻게 고칠까?

- 정확한 정보가 아니라면 정확하게 고친다.
- 시점, 시제가 안 맞는다면 맞도록 고친다. 과거형과 현재형이 섞여 있거나 1인칭 시점과 3인칭 시점이 섞여 있다면 고친다.
- 맞춤법과 단어를 고친다. 네이버 블로그 맞춤법 검사 기능을 활용하자. 오타는 신뢰를 떨어뜨리니 수정하자. 잘 모르는 단어는 사전을 찾아보자.

- 추상적인 표현은 구체적인 표현으로 고친다.
- 같은 단어, 같은 문장을 반복하고 있다면 고친다. 같은 문장은 빼고, 같은 단어는 동의어를 찾아보자.
- 한 줄 메시지를 방해하는 문장은 빼자. 글 전체가 일관된 메시지를 전달하는지 확인하자.

┌─────────────────────────────────┐
│   │
│   10강. 뭉뚱그려진 표현을   │
│   구체적으로 묘사하라   │
│   │
└─────────────────────────────────┘

묘사는 쉽고
상상이 가도록

아이와 한의원에 간 적이 있다. 내가 손에 침을 맞자 아이가 이렇게 말했다. "엄마가 고슴도치가 된 것 같아." 키득키득 웃음이 터졌다. 아이처럼 표현한다면 누구나 글을 잘 쓸 수 있다. "나는 침을 맞았다"보다 "나는 침을 맞고 고슴도치가 된 것 같았다"라는 말이 머리에 더 잘 떠오른다. 아이는 묘사의 귀재다. 묘사란, 사전적 의미로 어떤 대상이나 사물, 현상 따위를 언어로 서술하거나 그림을 그려서 표현하는 것이다. 글쓰기에서 묘사는 글자로 그림 그리기다. 인간의 오감을 말로 표현하면 훌륭한 묘사가 된다.

묘사는 쉽고 상상이 가면 좋다. "GDP(국내총생산)는 비키니와 같다." 엔리코 지오바니니(Enrico GioVannini) 전 OECD 통계국장이 한 말이다.[6] 비키니가 다 벗은 것처럼 보이지만 중요한 부분은 가리고 있는 것처럼, GDP도 모든 것을 보여주는 것 같지만 중요한 것은 보여주지 않는다는 의미다. 이미지와 결합된 설명은 강렬하게 각인된다. 이 표현을 듣고 GDP를 떠올리니 GDP가 비키니를 입은 모습이 그려졌다.

배우 하정우는 걷기를 "하체가 상쾌하다"라고 표현했다. 걷기 운동에 새로운 구체성을 선사한 것이다. 아직 걷지 않았는데도 그 상쾌한 느낌이 궁금해서 걷고 싶어진다. 애정 표현에 소원한 어느 부부가 이런 말을 한 적이 있다. "어느 날 '사랑해'라는 문자를 받았는데 피싱인 줄 알고 지웠잖아요." 애정 표현을 피싱으로 오해할 정도로 멀어진 부부라니. "우리 부부는 요즘 소원하다"보다 "사랑한다는 문자가 피싱으로 느껴질 정도의 부부다"가 더 구체적이다. 드라마 〈시그널〉에서 강력계 형사로서의 무게감을 "수갑 하나당 짊어진 눈물이 2.5L다", 애니메이션 〈레이디버그〉에서 마음에 드는 이성에게 고백할 때 "너는 음표처럼 정확하고, 멜로디처럼 순수해", 대학에 들어가도 캠퍼스의 낭만은 접어두고 공부에 매진하는 현실을 두고 "고등학교 4학년"이라고 표현하는 것도 어디 하나 애매한 부분 없이 구체적이다.

소설가 김훈은 봄 냉잇국을 맛보고 이렇게 말했다. "국물 속에 눈물이 섞여 있는 맛이다. 겨울 동안의 추위와 노동과 폭음으로 꼬였던 창자가 기지개를 켰다."[7] 나는 추위에 벌벌 떨다가 뜨끈한 국물을 마시면 내장이 국물과 만나 격하게 맞장구치는 느낌이 든다. 꼬였던 창자가 기지개 켜는 배 속의 촉감이 뭔지 알아서 반가웠던 문장이다. 구체적인 표현은 인간의 정서를 건드린다. 글이 마음으로 전달된다.

구체적으로 쓰면
새로운 소재가 생긴다

· 티셔츠 고르는 팁 ·

1. 목선이 예뻐야 한다.

2. 핏이 예뻐야 한다.

3. 면이 좋아야 한다.

4. 저렴해야 한다.

블로그에 이렇게 썼다고 치자. 우리는 글을 쓸 때, '좋다' '예쁘다' 이런 추상적 표현을 자주 쓴다. 사실 누구나 좋고 예쁜 것을 고르고 싶다. 그런데 좋은 게 무엇인가? 예쁜 건 뭔가? 여기시 구체적으로 한 단계 들어가는 것이 글쓰기다. 예쁜 목선이란 무엇인가? 어떻게 생겨야 예쁘다는 소리를 듣는 건가? 게다가 사람마다 체형이 다르고, 체형마다 예쁜 목선의 기준도 다르다. 목이 긴 사람에게 어울리는 목선, 목이 짧은 사람에게 어울리는 목선은 따로 있다. 이것을 제시하면 구체적인 글이다.

또 '목이 길다'는 기준은 무엇인가? 길다, 짧다는 주관적이다. 나는 내 목이 길다고 생각하는데, 다른 사람은 내 목이 짧다고 할 수도 있다. 그렇다면 목이 길다, 짧다를 결정하는 기준은 무엇일까? 한국인의 평균 체형을 조사한 최신 통계자료를 찾아 제시하면 어떨까? 평균치보다 길면 긴 것이고, 짧으면 짧은 것이라고 정의하면 어떨까? 목 길이의 정의를 구체적으로 설명하면 또 하나의 글이 나온다.

사용자가 자신을 대입해볼 수 있는 객관적이며 상세한 정보를 담자. 그렇게 하면 하나의 마법이 생긴다. 글감이 점점 늘어난다. "좋은 옷을 고르세요"라고 했을 때와 "여름에 좋은 옷은 린넨과 인견 원단으로 만든 겁니다"라고 했을 때의 구체성을 비교해보자. 구체적인 계절과 옷감 종류를 제시하면 비엔나소시지처럼 글감이 줄줄 이어진다. 린넨과 인견이 뭘까? 섬유에 대한 콘텐츠가 하나 생길 수 있다. 내가 사려는 옷이 린넨인지 인견인지 어떻게 알지? 그렇게 옷의 라벨을 보는 법을 쓸 수도 있다.

당신은 옷 라벨을 볼 줄 아는가? 나는 모른다. 옷 라벨을 보면 전문적인 기호도 있고 낯선 섬유 이름들이 적혀 있다. 내가 아는 거라곤 면, 폴리에스테르, 스판 정도? 그런데 만약 패션 블로거가 옷 라벨 보는 법을 자세히 알려준다면 어떨까? 사용자가 좋은 옷을 고를 수 있는 방법을 알려주는 것이다. 글이란 추상적인 것을 구체적으로 만드는 작업이다. 뭉뚱그려진 표현을 구체적으로 표현하면 당신의 글은 무궁무진하게 발전할 수 있다.

감정 단어장의
다양한 어휘를 써보자

글쓰기는 어휘의 미학이다. 일상에서 우리가 사용하는 어휘는 한
정적이다. 마음에 드는 상황은 '좋다'로, 불편한 상황은 '싫다'나 '짜
증 난다'로 뭉뚱그려 표현하곤 한다. 과거 한 방송에서 김영하 작
가는 교수 시절 학생들에게 졸업할 때까지 '짜증'이라는 표현을 금
지시킨 일화를 전했다. '서운하다' '황당하다' 등 완전히 다른 감정
의 무늬를 '짜증'이라는 말로 단순화시켜 우리의 감정을 깊이 있게
들여다보는 것을 방해하기 때문이라는 게 이유였다.[8]

　당신은 감정을 표현할 때 몇 가지 어휘를 사용하는가? 우리말
에는 감정을 표현하는 단어가 2,600여 개 있다고 한다. 다채로운

기쁨, 즐거움	안도감, 자신감, 안정감, 편안함, 감탄, 만족감, 자부심, 경탄하는, 뿌듯함, 멋짐, 다행스러운, 기대함, 확신하는, 사랑스러움, 희열, 경외감, 고마움, 신비로운, 행복, 안락함, 정겨움, 익숙함, 두근거림, 자랑스러움, 부드러움, 경이로움, 감사, 충만감, 성취감, 감격, 따뜻함, 반가운, 승리감, 평화로움, 감동, 좋음, 뭉클함, 상냥함, 설렘, 환희, 선망, 믿음직함, 흐뭇함, 쾌감, 안심, 평온함, 전율, 명랑한, 속 편함, 친숙함, 으쓱함, 황홀함, 홀가분함, 통쾌함, 재미있는, 당당함, 관대함, 흐뭇함, 보람, 흡족함, 상쾌함, 시원함, 싱그러움, 상큼함, 생동감, 활기참, 애정 어린, 힘참, 자유로움, 신바람, 느긋함, 아늑함, 온화함, 든든함, 포근함, 정다움, 다정함, 친절한, 화사한, 따사로운, 감미로운, 아름다운, 살맛 나는, 개운한, 희망찬
노여움, 슬픔, 불안	부담감, 유감스러운, 고독감, 우울, 난처함, 후회, 쩔쩔맴, 흥분, 망설임, 황망함, 분노, 충격, 질투, 불안함, 두려움, 어이없음, 수치심, 김샘, 씁쓸함, 화남, 곤란함, 소름 끼치는, 아찔함, 아쉬움, 회의감, 근심, 신경질 나는, 경멸, 초조함, 긴장감, 쓰라림, 불길함, 까무러치는, 반발심, 애석함, 허영심, 분함, 좌절감, 조바심, 안쓰러운, 외로움, 비겁함, 언짢음, 괴로움, 격노하는, 불신감, 혼란스러움, 싫증, 걱정, 염려, 울화, 떨림, 원망, 자기 혐오, 분통, 막막함, 증오, 패닉, 전전긍긍, 복잡함, 사악함, 갈증, 남사스러운, 번거로움, 속 터짐, 어색함, 서운함, 고통, 불편함, 의구심, 찝찝함, 조급함, 허탈함, 패배감, 의혹, 신경 쓰임, 불쾌, 주눅, 피곤함, 속상한, 얄미움, 겁남, 미안함, 거슬림, 한심함, 황당함, 압박감, 비통함, 실망감, 원한, 충동, 당혹감, 공황 상태, 껄끄러운, 불만, 고소함, 안달복달, 허무함

어휘로 내 마음을 좀 더 깊이 있게 표현해보자. 위에 소개한 어휘들을 하나하나 살펴보고 일상에서 느끼는 감정들에 적용해본다면 글을 쓸 때 더욱 생생하고 풍부한 감정을 드러낼 수 있을 것이다.

6장

●

잘 읽히고 잘 발견되는
글의 비밀

글 쓰는 법이라는 것은
누군가에게 제공해줄 수 있는
가장 강력한 무기다.

– 조던 피터슨(Jordan Peterson) [1]

인기 있는 글의
6가지 필수 요소

2019년, 나는 태어나서 처음으로 수원역에 갔다. 당신은 수원역에 가봤는가? 어른인데도 미아가 될 것처럼 어디가 어딘지 모르게 복잡하고 큰 역이다. 나는 평택에 강의를 하러 가는 길이었다. 분당선을 타고 가다가 수원역에서 기차를 갈아타야 했다. 제시간에 기차를 못 타면 강의 시간도 늦게 되는 상황이었다. 검색창에 '수원역 기차 타는 법'을 입력했다. 그날 나의 은인이 되어준 블로그 글이 있다. 글로 쓰인 내비게이션 같았다.

"분당선을 타고 가다가 수원역에서 기차 갈아타는 법을 알려드릴게요. 타이밍만 잘 맞으면 기차 승강장까지 3분 만에 도착할 수 있습니다. 일단 수원시청역에서부터 1-4 문 앞에 서 계세요. 2-1보다 1-4가 좋아요. 엘리베이터는 4-2로 가세요. 오후 2시 방향으로 가면 됩니다. 확인할 수 있도록 사진을 올려놓을게요. 여깁니다. 지금 서 계시는 곳과 똑같은지 보세요. 자, 다 왔습니다. 수원 기차역으로 가는 마지막 관문입니다. 기차 탑승을 축하드립니다."

수원역에서 매일 출퇴근하는 친구가 함께 걸어가며 길을 안내해주는 기분이었다. 말투가 친근해서 가깝게 느껴졌다. 고마운 나머지 댓글을 달았다. "저를 살리셨어요. 감사합니다." 지금도 수원역을 떠올리면 그 글이 생각난다.

가장 좋은 글은 살아 있는 경험담이다. 펄떡거리는 활어처럼 글이 살아 있다. 콘텐츠 세계에서는 경험 부자가 유리하다. "수원역에서 내려서 기차역으로 가면 됩니다"가 아니라, 출구 번호, 몇 시 방향, 몇 관문이 남았는지, 해당 장소는 어떤 모습인지 일일이 기록된 글은 수원역에서 헤매는 잠정적 미아들을 돕고 있다. 작성자는 글 한번 썼을 뿐인데 말이다. 이 글에는 인기 있는 글이 갖추고 있는 모든 요소가 들어 있다.

1. 서두에 글의 목적과 이유, 독자들이 얻을 이득을 명시하라.

"분당선을 타고 가다가 수원역에서 기차 갈아타는 법을 알려드릴게요. 타이밍만 잘 맞으면 기차 승강장까지 3분 만에 도착할 수 있습니다." 서두에 이 글을 쓰는 목적과 이유가 무엇인지, 독자들은 어떤 편익과 가치를 얻을 수 있는지 분명하게 명시했다.

2. 글을 보완하는 사진을 첨부하라.

1-4번 문의 위치에서부터 엘리베이터를 탈 수 있는 방향까지의 과정을 설명하며 이를 보완해줄 수 있는 현장 사진을 첨부했다. 글이 사진을 도와주고, 사진이 글을 도와주면서 환상의 콤비 플레이를 선사했다.

3. 독자가 상상할 수 있도록 눈에 보이게 설명하라.

막연한 설명이 아니다. "수원시청역에서부터 1-4 문 앞에 서 계세요." "엘리베이터는 4-2로 가세요." 독자가 상상하고 행동할 수 있게 하는 문장이다.

4. 정확한 정보를 알려주어라.

나는 해당 글을 보고 그대로 했을 뿐인데 정말 수원 기차역에 도착해 있었다. 어떻게 가능했을까? 정보가 정확했기 때문이다.

5. 선명한 표현을 써라.

"2시 방향" "마지막 관문" "1-4 문 앞" "타이밍이 잘 맞으면 3분 만에 갈 수 있다." 애매한 표현이 하나도 없다. 설명이 직관적이어서 두 번 세 번 생각할 필요가 없다.

6. 평소 말하듯이 써라.

말투가 친근하다. 아는 사람에게 말하는 말투다. 말투가 친근하니 따라 하기가 쉽고, 이렇게 친절하게 알려준 작성자에게 고마운 마음이 들었다.

인기 있는 글은 사용자 친화적인 배려심이 스며 있다. 내 글을 읽고 단 한 사람이라도 덜 헤맸으면, 약속 시간에 도착했으면, 길을 잃지 않았으면 하는 마음으로 글을 쓰면 이런 글이 나온다. 수원역에서 길을 헤매본 사람일수록 사용자 입장에 '빙의'할 수 있다. 그런 측면에서 많이 헤매보고, 많이 어려워 해보고, 많이 경험하는 것이 부작용 없는 단 하나의 블로그 비법이다.

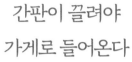

간판이 끌려야
가게로 들어온다

기필코 내 글이 누군가에게 읽히길 바란다면 이제부터 집중하자. 반드시 갖춰야 할 필수 요소가 있다. 제목을 비롯한 클릭 유발 삼총사다. 제목, 섬네일, 본문 첫 문장. 제목과 섬네일은 주연이고, 첫 문장은 조연이다. 콘텐츠가 넘쳐나는 시대다. 사용자는 글을 골라 읽는다. 글을 선택하는 기준은 셋 중 하나다. 제목이 끌리거나("혹~ 하네?"), 제목에 내가 찾고 있는 키워드가 들어 있거나("내게 필요한 정보야!"), 신뢰할 만한 사람이 쓴 글이거나("이 사람이 쓴 글이라면 무조건 읽지.").

제목이 끌리면
클릭하게 된다

제목이 끌리면 필요한 정보가 아니어도 읽어보고 싶은 지적 욕구가 생긴다. 우리가 구입하는 제품의 50%는 충동구매라는 연구 결과가 말해주듯, 제목이 매력적이면 필요 없어도 충동 클릭을 한다.

제목을 지을 때는 사용자가 내 글을 클릭해야 하는 이유를 제시한다는 생각으로 짓자. 타깃 독자(target reader)의 가려운 부분을 긁어주는 제목이 좋다. 타깃 독자란, 내 글이 필요하다고 예상되는 대상을 말한다. 창업 1년 미만의 신생 사업자, 초등학생 학부모, 은퇴 준비 중인 40~50대 직장인, 이런 식으로 내가 상상한 독자의 상세 조건이 있다면 그 독자가 목말라하는 부분을 채워주는 것이다.

흔히 하는 실수는 제목에 줄거리를 요약하는 것이다. 결론이 노출된 제목도 피하자. 제목이 스포일러라면 클릭할 이유가 없다. 제목은 일종의 호객 행위다. "저희 가게 음식 맛있어요"보다 차별화된 멘트가 필요하다. 참고로 제목에는 공백 포함 100자를 쓸 수 있으며, PC 버전에서는 80자, 모바일 버전에서는 56자가 미리보기로 보인다.

섬네일,
직관적인 사진으로

섬네일(thumbnail)은 인터넷에서 작은 크기의 견본 이미지를 가리킨다. 우리말로는 '마중 그림'이다. 오는 사람을 맞이할 수 있도록 궁금증과 기대감을 유발하는 이미지를 넣는다. 제목과 섬네일은 통일성이 있으면 좋다. 정반대로 매치해 호기심을 자극하는 것도 방법이지만 처음 블로그를 하는 사람에게는 고난도다. 사진은 되도록 직접 찍은 사진, 현장감이 살아 있는 사진, 누가 봐도 무엇을 찍은 것인지 파악되는 사진을 사용하자. 제목과 섬네일은 둘러서 표현하면 안 된다. 예술작품처럼 오래 봐야 이해가 되는 것은 부적합하다. 직관적으로 표현하자.

첫 문장부터
단도직입적으로

제목과 섬네일은 대부분 신경 쓰지만 의외로 첫 문장을 간과하는 사람이 많다. PC 버전에서는 공백 포함 138자, 모바일 버전에서는 69자가 미리보기 화면에 보인다. 처음 쓴 한두 문장이 지나가는 사람들에게 보이는 것이다. 이 귀한 기회를 매번 "안녕하세요. 저는 ○○○ 입니다" "오늘 날씨가 좋네요. 다들 건강은 어떠신가요?"로 시작한다면, 내가 쓴 모든 글이 똑같은 서두인 셈이다.

제목

섬네일

첫 문장

남들의 시선이나 관심을 크게 신경 쓰지 않는 사람이라면 내가 쓰고 싶은 대로 써도 된다. 그러나 내가 쓴 글을 누가 봐주길 바란다면 첫 문장부터 단도직입적으로 내 글의 가치를 알려줘야 한다. 첫 문장을 쓸 때 되도록 제목과 겹치지 않도록 하자. 제목과 첫 문장이 겹친다면 보는 사람 입장에서는 동어 반복의 느낌이 들 수 있다.

"제목이 다 했다"
독자를 마중 나가는 제목 패턴

내 글의 타깃 독자는 초보 부모와 아이 키우기에 도움받기를 원하는 사람이었다. 이들과 나는 같은 사람이다. 내가 타깃이고, 타깃이 나다. 그래서 나는 '나라면 이런 글을 읽고 싶을 것 같아'라는 마음으로 제목을 지었다. 나만의 비결이 있다면, 내가 목말라하는 글을 먼저 떠올리는 것이다. 먼저 인터넷에 해당 글이 있는지 찾아본다. 만일 없으면 내가 직접 쓴다. 글을 찾아보았는데 적합한 글이 있다면 굳이 쓰지 않았다. 그 글을 읽고 나도 갈증이 해소되었는데 다른 사람들도 비슷하지 않을까? 반대로 내가 너무 궁금한 부분인데 시중에 마땅한 글이 없다면, 내가 나를 충족시킨다는 마음으로 글을 썼다. 그렇게 쓴 글 중 반응이 좋았던 글의 제목 10가지를 뽑아봤다.

• 반응이 좋았던 글의 제목 10가지 •

- 출산 후 제 외모가 초라해 보여요 / 33만 뷰(2017 상반기 네이버 맘키즈 조회 수 1위)

- 엄마가 된 지 벌써 3년, 지나고 보니 아쉬운 점 / 27만 뷰

- 애 재울 때 필요하다, 바로 그 장비! / 8만 6천 뷰

- 둘째 고민 백만 번, 실제로 낳아보니… / 12만 뷰

- 유치원과 어린이집, 가장 큰 차이점 5가지 / 4만 뷰

- 발코니 수영장 만들면 무너진다고? 발코니 하중 계산법 알려드립니다. / 7만 9천 뷰

- 내 돈 주고 산 ○○○ 식기세척기 한 달 사용기 / 3만 4천 뷰

- 100kg에서 50kg 감량! 인스타그램 스타, ○○○의 감량 비법 / 4만 뷰

- 장난감이 아닌데 잘 가지고 노는 것 BEST 5 / 5만 3천 뷰

- 모든 육아서에 꼭 나오는 말 BEST 5 / 7만 3천 뷰

인기 있는 제목
5가지 유형

나는 주로 자기표현과 자기 성장을 위해 블로그를 했기 때문에 사실 제목을 치밀하게 연구하여 매번 적

용한 블로거는 아니다. 다만 제목(타이틀)에 민감한 전문 작가 출신이라 제목에 무신경했다면 거짓말일 것이다. 책을 낼 때도 막판까지 심고하는 것이 제목이다. 책 판매에 제목과 표지가 적잖은 힘을 발휘하기 때문이다. 지금까지 5권을 쓰면서 제목 고민을 얼마나 많이 했는지 모른다. 그때마다 에디터에게 "잘 팔리는 제목으로 정해주세요"라고 하는데, 돌아오는 답은 비슷하다. "좋은 제목이 잘 팔리는 게 아니라, 잘 팔린 책 제목이 좋은 제목이에요." 우문현답이다. 제목만 따지면 많이 클릭한 제목이 좋은 제목이다. 그러니 사람들이 많이 보는 콘텐츠 제목을 연구하고 수집해보길 바란다.

거기에 하나 더! 클릭해서 내용을 봤더니 제목에 걸맞은지도 확인해보자. 제목으로 낚아놓고 내용은 허당이라면, 한번 온 손님은 다시 오지 않는다. 사람들이 더 알고 싶어서 달려드는 제목의 대표적인 패턴은 다음과 같다.

1. 숫자가 들어간 제목
숫자만큼 명확한 것이 있을까? 숫자는 직관적이다.

- 유치원과 어린이집, 가장 큰 차이점 5가지
- 주말 부업만으로 월 1,000만 원 버는 비결
- 10년 동안 아무도 안 해서 결국 제가 했습니다
- 초등학생 아이를 가진 30대 주부를 위한 확실한 부업 아이템

- 100kg에서 50kg 감량! 인스타그램 스타, ○○○의 감량 비법

- 모든 육아서에 꼭 나오는 말 BEST 5

2. 새로운 사실이 들어간 제목

고정관념이나 상식을 깨는 새로운 사실을 다룬 내용이라면 제목에 표현하자.

- 텔레비전은 아이들에게 좋다

- 비타민C 먹으면 큰일 납니다

- 먹으면 성인병 걸리기 쉬운 '건강한' 음식 3가지

- 실리콘밸리에서 전화하면 예의 없는 사람이라고?

- 발코니 수영장 만들면 무너진다고? 발코니 하중 계산법 알려드립니다

- 장난감이 아닌데 잘 가지고 노는 것 BEST 5

3. '이것' '그것' 퀴즈처럼 궁금증을 유발하는 제목

새로운 사실에 '이것'만 숨겨놓은 제목은 그 내용이 궁금해서 클릭하고 싶어진다.

- 애 재울 때 필요하다, 바로 그 장비!

- '이 자세' 안 되면 허리 디스크라고?

- 헬스 하고 무릎 아프다면 '이 병'을 조심하세요

- 대한민국 여성 90%가 모르는 좋은 피부의 비결 '이것'

- 연애를 잘하는 사람에게는 반드시 '이것'이 있다고?

4. 부정적, 단정적인 표현이 들어간 제목

부정적 제목은 불안 심리를 자극한다. 단정적 제목은 무슨 근거로 확신에 찬 주장을 하는지 궁금증을 일으킨다.

- 헬스, 이렇게 하면 허리 나갑니다
- 스쿼트 제발 하지 마세요
- 홍삼은 만병통치약이 아닙니다
- 이 글을 읽기 전에는 집 사지 마세요

5. 시간과 경험을 압축한 제목

독자들은 내 시간을 아껴주는 글을 좋아한다. 시간을 축적한 경험담이라면 제목에서 알려주자.

- 엄마가 된 지 벌써 3년, 지나고 보니 아쉬운 점
- 100년을 살아보니…
- 1년 동안 독서 100권 해보니 달라진 점
- 5년 동안 취직 30번 실패하고 깨달은 것들
- 다이어트 3년 유지어터가 알려주는 몸매 유지 비법
- 창업 10년 차가 초보 창업자에게 알려주는 사업 비결 10가지

제목과 섬네일이 콘텐츠 조회 수를 좌우하다 보니 제목 짓는 법을 알려주는 책도 시중에 다양하게 나와 있다. 책을 참고해봐도 좋다. 나는 카피라이터 정철의 책을 추천한다. 특히『카피책』『누구나 카피라이터』를 흥미롭게 읽었다. 제목에는 한계가 없다. 수학 공식 같은 제목 공식을 원한다면 딱 한 가지만 말할 수 있다. 제목에 매력을 뿌려라. 그러면 된다.

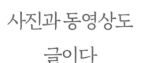

사진과 동영상도
글이다

블로그는 사진과 동영상을 넣을 수 있다. 이 기능이 왜 있을까? 3장
에서 설명한 플랫폼별 언어의 종류를 떠올려보자. "언어와 사진은
그 둘 중 한 가지로만 소통할 때보다 함께 소통할 때 훨씬 강력해
질 수 있다."[2] 미국의 다큐멘터리 사진작가 윌리엄 앨버트 알라드
(Wilam Albert Allard)가 한 말이라고 한다. 사진과 동영상은 때로는
사실 전달을, 때로는 감정 전달을 한다. 글로 표현하기에는 부족
하거나 시각 자료를 넣었을 때 전달력이 높아지는 글이라면 사진
과 동영상을 지원군으로 모셔야 한다.

때로는 사진이
글보다 효과적이다

2017년 네이버 맘키즈판에서 상반기 1위를 한 글이 있었다. 총 33만 클릭을 받은 글이었다. 이 글을 보고 내 블로그를 구독한 한 이웃이 이런 댓글을 남겼다. "도저히 클릭하지 않고는 못 배기는 사진이었어요." 아이를 낳고 외모 고민이 있는 한 여성에게 상담해주는 글이었다. 누가 봐도 나는 외모 전문가가 아니다. 그런데도 나에게 고민 상담을 했다는 것은 경험자로서 친한 언니 같은 조언을 원했던 것이다. 내가 할 수 있는 것이라고는 솔직한 경험담뿐이었다.

대신, 소재가 '외모'이므로 시각자료를 최대한 활용하기로 했다. B급 유머 코드를 풍기고 싶어서 어설픈 포토샵으로 이미지를 만들었다. 소제목도 겸손하게 지었다. "어설프지만 나름 괜찮은 살찐 엄마 패션 제안" 별안간 살이 쪘을 때 나는 내 체형의 장점은 살리고 단점은 가리는 코디법을 사용했다. 마크 저커버그나 스티브 잡스의 단벌 철학인 "성공한 사람은 옷 고르는 데 시간을 허비하지 않는다"를 세뇌했다. 이 경험담을 전해야겠다는 생각이 들었다. 말로만 이렇게 표현하면 단벌 철학이 와닿지 않는다. 나는 다음 이미지를 만들어서 제목 옆 섬네일에 사용했다. (이 사진은 첫 책 『극한육아 상담소』에도 쓰였다.)

경험자들은 사진만 봐도 안다. 이것이 무엇을 의미하는지. 이웃님들 말로는, 이 사진에 공감의 웃음이 빵 터졌다고 한다. 이 코

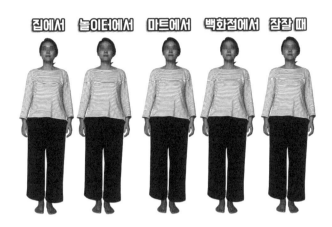

집에서   놀이터에서   마트에서   백화점에서   잠잘 때

디를 보고 나와 똑같이 옷을 사서 육아 시기를 보냈다는 분도 계셨다. 사진을 사용하지 않았다면 전달하기 부족했을 것이다. "저는 매일 빨간 스트라이프 티셔츠에 통바지를 입고 삽니다. 상체보다 하체가 자신이 없거든요." 글자로만 표현하기에는 어딘지 밋밋하다.

　기가 막힌 풍경, 놀라운 현장, 정교한 설명이 필요한 전자기기나 사용법 등 시각적으로 전달해야 효과적인 것은, 글 사이에 사진과 동영상을 넣길 바란다. 동영상은 필수가 아니지만, 사진은 되도록 넣는 것이 좋다. 글만 있을 때와 사진도 있을 때는 가독성과 흡인력에 차이가 있다. 사진은 글의 인테리어가 아니다. 사진은 글이다. 글 사이사이에 의미 없이 들어간 사진은 걸리적거릴 뿐이다. 글과 연관성이 있는 사진을 넣자. 열 마디 말보다 한 장의 사진이 효과적이라면 사진이 낫다.

비판받을 만한 곳에
미리 가 있어라

"내 글을 보고 누가 뭐라고 할까 봐 편안하게 못 적겠어요." 이런 고민을 하는 사람이 의외로 많다. 나라고 남이 볼까 봐 걱정한 적이 한 번도 없겠는가? 글을 발행해놓고 잠자리에 들었는데, 문득 그 한 단어가 마음에 걸려 부리나케 수정한 적이 셀 수 없을 만큼 많다. 모바일 시대가 아니었다면 간편하게 수정하기가 어려워 진땀을 뺐을 것이다.

사적인 성격이 강한 디지털 글쓰기를 실시간으로 장기간 해본 사람만이 아는 디지털 글쓰기의 생태계가 있다. 이 생태계에서 살아남은 나름의 비법을 공유할까 한다. 그것은 비판받을 만한 곳에 미리 가 있는 것이다. 내 글이 네이버 메인에 떴다고 상상하면서 수정한다. 내가 잘 때도 내 견해를 설명해줄 수 있는 완충장치를 마련해두기도 한다. 구체적으로 어떻게 하는 것인지 몇 가지 방법을 적어보겠다. 순전히 나만의 방식이니 자신의 스타일대로 가감해 응용해보길 바란다. 6가지 방법으로 필터링해봤는데도 비판받을 곳이 안 보인다면 당당하게 써라.

비판을 필터링하는
6가지 방법

1. 내 말이 정답이라고 강요하지 않는다

'이 말이 진리요, 법이다'라고 강력하게 주장하는 글일수록 반발심이 생길 수 있다. 설령 진짜로 진리라고 할지라도 여지를 두고 말해야 한다. 세상에는 예외의 법칙이 있으므로 다양성을 존중하는 마음으로 글을 쓴다. 특히 나는 전문가가 아니라 경험자였기 때문에, 이 글이 개인적인 의견과 경험임을 표기하는 편이었다. 내 글을 보면 이런 문구를 자주 볼 수 있다. 나만의 완충장치다.

- 순전히 주관적으로 꼽아본 ○○○하는 이유
- 순전히 개인적인 생각이라는 것을 미리 밝혀둡니다.
- 저만의 개똥철학입니다.

2. 자기 자신을 인용한다

예시를 들 때는 가능한 '나'를 인용하자. 아무에게도 말하지 않는 나만의 글쓰기 비결이기도 하다. 비교하는 내용을 넣고자 할 때도 되도록 나와 남을 비교하기보다, 나의 과거와 현재를 비교한다. 심리학적으로 생산적인 비교이며, 타인에게 거부감을 주지 않는 비교다. '다른 사람들은 책을 안 읽는데, 나는 많이 읽는다'보다는 '과거에 나는 책을 안 읽었는데, 이제는 많이 읽는다'로 쓴다. '다른 사람은 뚱뚱한데, 나는 날씬하다'보다는 '과거에 나는 뚱뚱했는데, 지금은 날씬하다'로 쓴다. 나에게는 다양한 모습이 있다. 마트료시카 인형처럼 어린 나부터 어른이 된 나까지 여러 가지 모습이 내 안에 있다. 그때를 복기하고, 그때를 인용하자.

3. 독자의 마음으로 퇴고하라

『인간 실격』의 저자 다자이 오사무는 "수필은 소설과 달리 작가의 언어도 '날것'이기에 매우 조심해서 쓰지 않으면 엉뚱한 사람에게 상처를 준다"[3]라고 했다. 수필은 편집 과정에서 출판사의 손을 거치기라도 한다. 블로그 글처럼 '날것'의 가능성이 큰 글도 없을 것이다. 글을 쓴 후에 독자의 입장으로 읽으면서 퇴고해보자. 내 글이 남의 글이라고 상상하며 제삼자의 관점에서 읽어보자. 소리 내어 읽으면 효과적이다. 말해보면 매끄럽지 않거나 갸우뚱해지는 부분이 직관적으로 느껴진다.

독자의 마음으로 퇴고하는 2가지 필터링

① 이 글을 읽고 불쾌해 할 사람은 누구인가? 그 사람이 불쾌해 하지 않으려면 어떻게 수정해야 할까?

② 이 글을 읽고 의문이 드는 점이 있는가? 의문이 들지 않으려면 어떻게 수정해야 할까?

4. 확실한 근거를 제시하라

주장이나 의견을 제시하고 싶을 때는 근거를 댄다. '그냥 육감적으로 그런 생각이 들었다'는 글은 누구나 쓸 수 있다. 왜, 어떻게 그런 생각이 들었는지 쓰자. 공신력 있는 전문가 의견을 인용해 나의 메시지를 보강해도 좋다. 확실한 근거 없이는 절대로 당신이 잘 모르는 정보에 대해 사실인 것처럼 말하지 마라. 차라리 '이 부분은 모르겠다'고 고백하는 편이 낫다. 거짓말도 하지 마라. 켕기는 마음처럼 불편한 것도 없다.

5. 독자의 부정적 반응을 미리 선수 친다

오랜만에 친구와 만났다. 나도 할 말이 많은데 혼자만 떠든다. 지루하고 얄밉다. 이때 "나 혼자만 말해서 지루하지? 미안해" 하면 이해심이 생긴다. 독자의 부정적인 반응을 알아채는 건 이와 비슷하다. 제삼자의 관점에서 내 글을 읽으면서 부정적 반응이 들 것 같은 지점에 '이해심 구간'을 넣는다. 독자의 입장을 고려한 문장은 일종의 배려다. '내가 이렇게만 말하면 친구가 이런 기분이 들겠구나.' 이 마음으로 글을 써보자. 부정적 반응이 두려울수록 더욱 글을 쓰면서 연습해야 한다. 가령 내가 생각하는 상황별 문장은 다음과 같다. 사람마다 글마다 염려하는 바는 다를 것이다. 선수 치기 위해서는 나의 염려가 무엇인지부터 캐치해야 한다.

• 믿기 힘든 사실이라 독자들이 믿어줄까 염려된다면 •

- 말이 안 된다고 생각하시죠? 저도 처음에 그랬습니다. 하지만 진짜예요.

• 포스팅대로 적용했는데 안 된다는 독자가 있을까 봐 염려된다면 •

- 물론 누구나 100% 해당할 수는 없습니다.

- 예외도 있을 수 있습니다.

- 이러이러한 조건에 해당한다면 충분히 할 수 있습니다.

• '어쩌라는 거야?' 하는 반응이 나올까 봐 염려된다면 •

- 이 글을 읽고 "그래서 어쩌라는 거야" 싶으시죠? 어쩌라고 쓴 글이 아닙니다. 오늘 든 생각을 기록하고 싶었을 뿐입니다.

- "그래서 어쩌라는 거야?" 싶으시죠? 지금부터 어쩌라는 건지 알려드립니다.

• 사소한 정보라서 염려된다면 •

- 별것 아니라고 생각할 수도 있습니다. 하지만 실제로 겪어보니 사소한 차이가 큰 차이를 만들었습니다.

- 너무 사소한 정보라는 생각이 드시나요? 저도 그랬습니다. 그런데 일상은 사소함의 연속이잖아요. 사소한 건 사소해서 남들이 잘 알려주지도 않습니다. 그래서 직어봤습니다. 누구에게라도 부디 도움 되시길 바랍니다.

6. 유익하진 않아도 유해하게는 하지 말자.

데뷔 30년 차 개그우먼 송은이는 자신이 꾸준한 사랑을 받는 비결을 이렇게 밝혔다. "이 선을 넘기면 더 웃길 걸 알면서도 적절한 수위를 지키려고 노력한다." 블로그도 그렇다. 더 관심을 끌려고 더 오래 할 수 있는 기회를 걷어차지 말자. 선 넘지 말자. 그 선은 오직 자신만 안다.

공지사항에 사용설명서를 적어두면
안내데스크 역할을 한다

완충장치는 글마다 넣어도 되고, 블로그 공지사항에 게시해도 된다. 내가 블로그를 관리하지 못하는 시간에도 나 대신 블로그를 관리해줄 블로그 매니저를 고용하는 효과가 있다. 방문자마다 일일이 응대하지 않아도 이 글이 알아서 첫 방문객에게 사용 안내를 해주기 때문이다. 물론 클릭을 해야 읽을 수 있다는 맹점이 있지만, 안내문이 없는 것보다는 운영자의 마음이 한결 편하다. 어느 블로그를 보니 글마다 이 문구를 삽입

해놓았다. 아마도 오랜 시간 반복해서 해야 했던 말을 미리 명시한 것일 게다. "광고, 홍보 글은 무통보 삭제합니다. 똑같은 댓글을 복사, 붙여넣기 하지 마세요. 댓글은 공개로 써주세요." 일례로 나는 이런 공지를 쓴 적이 있다. 하나의 예시일 뿐, 자신의 블로그 철학을 녹인 공지사항을 나름대로 만들어보자.

· 제목: [처음 오신 분들께] 미세스찐의 블로그 사용설명서 ·

저는 '선한 블로그'를 추구합니다. 그래서 그런지 제 이웃님들도 선한 분들이 많으세요. 좋은 말, 좋은 글, 좋은 정보를 포스팅하려고 노력하고 있습니다. 공감과 댓글은 제가 블로그를 운영하는 데에 큰 힘이 됩니다. 자동차에는 휘발유가 필요하고, 전기밥솥에는 전기가 필요하고, 저는 공감과 댓글이 필요하다랄까요?^^ 제 글을 공유하실 때는 꼭 출처를 밝혀주셨으면 합니다. 부탁드릴게요. 비록 비루한 글솜씨지만 제가 쓴 글을 읽어주시고 공감해주신다면 무한한 영광으로 알겠습니다. (^^)(_ _) 배꼽인사

댓글 소통법과
좋은 댓글 쓰는 법

당신은 댓글을 자주 쓰는 편인가? 나는 시간이 허락한다면 가능한 한 댓글을 다는 편이다. 시간이 여의치 않다면 기계적인 인사만 하는 댓글보다는 내가 꼭 대답을 해줘야겠다 싶은 글에 댓글을 쓴다. 블로그는 소통 플랫폼이다. 내가 일방적으로 글을 쓰고, 보려면 보든지 말려면 말든지가 아니다. 현존하는 대부분의 미디어 플랫폼이 그렇듯, 블로그도 사용자끼리 소통하는 공간이다. 여기에서 가장 중요한 역할을 하는 것이 댓글이다.

좋은 댓글의
3가지 비밀

2021년 5월경, 인터넷을 뜨겁게 달군 댓글이 있었다. 일명 '편백나무 사장님의 댓글'이다. 편백나무 방향제를 파는 쇼핑몰에 이런 후기가 있었다. "암 투병 중이라 도움이 될까 해서 구매했네요. 나무 향이 진하고 좋네요. 감사합니다." 후기는 단 두 줄이었다. 여기에 편백나무 사장님이 댓글을 달았다.

"남겨주신 리뷰를 보고 참 많은 생각을 하게 되었습니다. 내일 생각지 않았던 낯선 택배가 도착하더라도 놀라지 마시고 고객님의 쾌유를 바라는 마음에 작은 선물을 하나 보냈습니다. 폐업의 기로에서 아이러니하게도 투병 중이시라는 고객님의 글에 큰 울림을 받고 다시 힘을 냅니다. 건강만 하다면 무엇이든 해볼 수 있으니 어떻게든 버텨보자는 생각을 하게 되었습니다. 쾌유를 바라는 마음을 담은 선물이라고는 하나 폐업을 고민할 만큼 저희 역시 어려운 사정이라 공짜로 보내드릴 수는 없습니다. 비싼 값을 고객님께 받도록 하겠습니다. 보내드린 선물의 가격은 완쾌입니다. 꼭 건강해진 모습으로 완쾌하셨다는 기쁜 소식을 전해주시길 바랍니다. 저 역시 그때까지 어떻게든 폐업하지 않고 버텨보겠습니다."[4]

누리꾼은 댓글을 캡처해 여기저기 공유하기 시작했다. 이후 어떤 일이 일어났을까? 미담이 일파만파 퍼져 품절 사태가 발생했고, 100일간 유쾌한 품절 대란이 이어졌다. 요즘 누리꾼들은 미담을 기다리는 듯하다. 이 사례뿐 아니라 치킨집, 피자집 등 미담이 있는 가게는 빠르게 소문이 난다. 편백나무 사장님의 댓글을 찬찬히 읽고 있노라면 좋은 댓글의 비밀을 알 수 있다.

1. 경청과 공감

상대방의 댓글을 경청했다. 단 두 문장을 썼을 뿐인데 상대방의 입장을 굉장히 경청하고 공감했다. 편백나무 조각이 사실 암 치료제는 아니다. '오죽하면 이 편백나무 방향제를 샀을까. 그냥 지나칠 수도 있을 텐데 굳이 후기까지 남겼을까. 정말 감사하다.' 이런 마음을 느낀 것이 글에서 매우 티가 난다. 댓글을 쓸 때는 상대의 글을 경청하고 공감한 흔적을 담자.

2. 충분한 자기표현

자기 대변을 했다. 자기 이야기가 충분히 담겼다. 마치 고객의 후기를 통해 다문다독다상량을 한 듯한 표현이다. '당신의 글을 보고 내가 이런 생각과 이런 마음이 들었다.' 자신의 심상을 차분하게 글로 적었다. 댓글에 내 생각, 내 감정, 내 마음을 표현해보자. 당신의 글을 읽으니 내가 이렇다고. 당신의 정보를 접하니 내가 이렇다고.

3. 감동과 정성

사장님은 고객에게 선물을 보낸다며 "비싼 값을 고객님께 받도록

하겠습니다'라고 말한다. 이어진 문장은 아마 누구도 예상하지 못했을 것이다. 환자가 가장 원하는 것은 완쾌다. 그냥 "완쾌하세요" 라고 해도 됐을 것이다. 누가 봐도 감동받을 수밖에 없는 글이다. 댓글에 정성 어린 진심을 담아보자. 진심은 통한다.

댓글 하나가 수백만, 수천만 원의 마케팅 효과를 불러일으켰다. 사장님이 홍보 효과를 바라고 댓글을 쓰지는 않았을 것이다. 결국에는 진심을 다하고, 진심으로 소통하려는 마음을 글로 표현한다면 당사자뿐 아니라 제2, 제3의 고객에게도 공통적으로 전달된다. 나는 내가 댓글의 수혜를 받은 사람이기도 해서 댓글을 중요하게 여긴다.

댓글 속에
독자의 니즈와 원츠가 있다

댓글도 글이다. 댓글을 그냥 심심해서 툭 던지는 말로 생각하면 안 된다. 나는 댓글 덕분에 첫 책이 나왔다. 내가 '극한육아'라는 시리즈를 연재할 때 독자들이 비밀 댓글을 자주 달았다. 비밀 댓글로 다는 이유가 있었다. 공개적으로 이야기하기에는 부담스러운, 정말 개인적으로 나누고 싶은 이야기를 댓글로 남긴 것이다. 1년 정도 댓글에 계속 답을 하다 보니 공통적인 질문이 많다는 걸 발견했다. 특히 아기의 잠에 대한 고민과 질문이 많았다. 순간 이런 생각이 들었다. '나한테 댓글을 달지 못했지만 똑같은 고민을 하는 사람이 많지 않을까?' 누군가의 질문에 공개적으로 답변하는 걸 시리즈로 만들면 어떨까 해서 '극한 육아 상담소' 시리즈를 시작하게 되었다.

제목처럼 육아가 너무 힘든 사람이 타깃 독자였다. 육아가 힘든 사람에게 개인적으로 상담을 해주는 콘셉트로 기획했다. 단 한 사람을 위한 정성 어린 맞춤 고민상담소, 오직 당신을 위해 백과사전처럼 공부해서 답하는 상담소가 콘셉트였다. 글이 쌓이다 보니 큰 시리즈가 되었고, 연재를 시작한 지 6개월 만에 여러 출판사에서 동시에 출간 제의를 받았다. 댓글은 소중하다. 댓글 소통을 통해 소재를 발견하고, 당신의 타깃 독자와 이웃의 마음을 헤아리는 시간으로 삼아보길 바란다.

블로그 실습

1. "이 댓글은 감동이었어" 했던 댓글이 있는가? 어떤 댓글이었는지 적어보자.

2. 지금까지 마음에 남는 댓글이 없었다면, 당신이 좋아하는 블로그에 가서 댓글을 달아보자.

팔로워 수, 조회 수보다 중요한 것

블로그에서 자기 몰입을 하다 보면 팔로워가 적어도 좋은 일이 생긴다

내 친구 이야기다. 대학 동창 중에 미국에서 거주 중인 친구가 있다. 이 친구는 유학 한번 다녀온 적 없는 국내파로, 영어 공부를 하던 중 지금의 남편을 만나 미국으로 갔다. 현재는 두 아이를 키우며 미국 공립 초등교사로 재직 중이다. 어느 날, 이 친구에게서 블로그를 개설했다는 연락이 왔다. 블로그를 하라고 권유한 적은 없지만 내심 기뻤다. 같은 블로거로서 공감대를 나눌 수 있지 않은가. 나는 그녀가 왜 블로그를 시작하게 됐는지 궁금했다. 내가 블로그를 할 때도 잠자코 있던 그녀였다. 친구에게 왜 블로그를 하게 되었는지 묻자 그녀는 이렇게 말했다.

"내가 벌써 선생님을 한 지 10년이나 됐더라고. 나이도 많이 먹었고 직장 경력도 많잖아. 그런 생각이 들었어. 내게 남은 것은 무엇인가. 내가 그동안 뭘 했고 뭘 가르쳤고 내가 쌓은 지식이 뭔지 스스로 확인하고 기록해보려고 시작했어."

일이 너무 힘들어서 그만둘 생각까지 하던 때였다고 한다. 하지만 친구는 그만두는 대신 자기를 돌아봤다. 아이러니하게도 블로그를 시작하고 나니 일을 그만둘 수가 없었다. 블로그에 쓰려면 일을 해야 하고, 일을 하다 보니 블로그에 쓸거리가 생겼다. 유쾌한 강제성이다. 친구는 시작하길 잘했다며 기록이 참 좋다고 했다. 기록하니 어떤 점이 좋으냐고 묻자 자기가 쓴 글에 사람들이 고맙다고 하니 좋단다. 머릿속으로 알고 있는 것이 글로 나오는 순간 논리 정연해지는 느낌도 좋단다. 다른 사람에게 설명하기 위해 쉽게 설명하려다 보니 오히려 자기에게 도움이 되었다고 한다.

더 중요한 건 자신이 지금 평범하게 하는 일이 누군가에게는 간절히 원하는 일이라는 걸 알게 된 점이다. 자부심도 생기고 감사하는 마음이 들었다고 한다. 친구의 팔로워 수는 1천 명 남짓이다. 수천, 수만 명의 독자를 확보한 유명 블로거에 비하면 턱없이 적은 수준이다. 하지만 친구의 전문성을 알아본 국내 대형 온라인 강의 업체에서 키즈 영어 콘텐츠를 함께 만들고 싶다며 제안서를 보내왔다고 한다. 친구의 사례를 보며 그런 생각이 들었다. 나의 전문성을 남을 돕고 싶다는 마음으로 블로그에 기록하면, 나의 능력을 필요로 하는 사람들과 연결될 수 있는 창구가 생긴다는 것을.

나의 전문성을 기록하고
출간 계약을 하다

또 다른 사례가 있다. 이분도 초등학교 선생님이다. 나는 선생님들과 인연이 많은 것 같다. 알다시피 초등학교 선생님은 전 과목을 다룬다. 그중에서도 이분이 유독 애정을 가지는 과목은 수학이다. 수학을 주제로 콘텐츠를 만들고 싶다며 나를 찾아왔다. 그런데 소망과는 달리, 수학 콘텐츠에 대한 자신감은 부족했다. 이유는 이미 다른 장에서 언급한 사례와 흡사하다. 자신 말고도 수학을 잘 가르치는 사람이 너무 많은데 경쟁력이 있을지 의문이라고 했다. '내가 뭐라고' 자기 암시 중이었다.

나에게는 취재 본능이 있다. 아, 본능이라기보다는 방송작가의 직업병에 가깝다. 나는 이 사람을 섭외 대상이라고 생각하고 집요하게 취재(?)했다. 아마 그분 입장에서는 살면서 자기에 대한 질문을 처음으로 가장 많이 받은 날이었을 것이다. 취재를 해보니 이분이 수학에 애착이 있는 이유가 있었다. 어릴 때 '수포자'가 될 정도로 수학 공부가 힘들고 어려웠는데, 고등학생이 되어서야 수학의 필요성을 느끼고 열심히 해서 '수포'를 극복할 수 있었다. 뒤늦게 재미가 붙어 수학 공부를 하면서 만약 자신이 수학의 기초와 필요성을 더 일찍 깨달았다면 삶이 달라졌을 것이라는 확신이 들었다고 한다. 생각해보자. 수학을 처음부터 잘했던 사람과 수학을 못하다가 잘하게 된 사람 중 누가 더 학생의 마음을 이해하겠는가? 수학을 힘들어하는 아이들에게 누구보다 공감하며 잘 가르칠 수 있을 거라는 믿음이 생겼다.

수학을 못 해본 경험이 이분의 강점이다. 그래서 수학 성장기를 담은 콘텐츠를 블로그에 풀어보라고 했다. 블로그를 한 지 세 달쯤 지났을까? 놀라운 일이 벌어졌다. 블로그 이웃 수는 300명 남짓이었지만 출판 관계자의 연락을 받았다고 한다. 글이 좋으니 출간 제안을 드린다고. 혹시 다른 출판사와 이미 작업 중이냐는 질문도 받았다고 한다. 현재는 출간 계약을 마치고 집필 중이다. 이분은 평생의 꿈이었던 출간을 이렇게 빨리 하게 될 줄 몰랐다고 말한다.

보석이 가득한 당신의 인생
혼자만 알지 말고 블로그에 써라

블로그는 나를 선보이는 통로다. 팔로워 수, 조회 수, 이런 가시적인 성과에 너무 연연하지 말자. 상위 노출, 키워드, 데이터의 세상이다. 마케팅에 필요한 모든 기준이 공개되어 있다. 이 말을 풀이하자면, 모든 사람이 한 방향으로 뛴다는 말이다. "저 데이터가 답이다. 데이터대로 해야 성공한다."

500명이 한 방향으로 뛰면 당연히 순서대로 등수가 정해진다. 500명이 각자 다른 방향으로 뛰면 모두가 1등이다.

못난 경험을 드러내라. 지난날이 못나면 못날수록 현재가 빛난다. 못난 경험을 많이 가진 사람이 돋보이는 세상이 왔다. 진정성 있는 콘텐츠의 비밀이다. 과거를 흘려보낸 사람은 솔직하게 말할 수 있다. 솔직하게 말하면서 과거를 흘려보내기도 한다. 나는 후자다. 못난 과거, 실수담, 허둥대던 시절을 꼬치꼬치 말했다. 그럼으로써 자유로워진 사람은 나다. 블로그는 나에게 심적인 자유를 주었다. 자유로운 사람은 무엇이든 할 수 있다. 얽매이지 않기 때문이다.

기죽고 침체하지 마라. 나의 이야기를 쓰면 어떤 방식으로든 기회가 온다. 물론 언제 어떤 방식으로 기회가 올지는 아무도 모른다. 한 가지 분명한 것은 아무것도 하지 않았는데 기회가 오지는 않는다는 것이다. 뭔가 했기 때문에 기회가 생기는 것이다. 내 이름을 온라인 어딘가에 띄워놓고 드러내야 누군가가 나를 찾아낼 수 있다. 인터넷 서핑을 하다가 의도치 않게 누군가의 콘텐츠에 다다른 적이 있을 것이다. 마치 망망대해에서 부표를 타고 돌아다니다가 예상 밖의 장소에 도착한 것처럼. 타인이 나를 검색하려고 한 건 아니지만 우연히 내가 발견된다. 부디 이 글이 자신감 없고 불확실하다고 생각하는 사람에게 도움이 되었으면 한다. 당신의 소중한 자산, 인생 스토리를 혼자만 알고 있지 말고 블로그에 써보자. 누구에게나 이야기가 있다. 당신에게도 이야기가 있다.

하고 싶은 게 많아서
고민입니다

"요즘은 한 가지 주제의 블로그가 많더라고요. 그런데 저는 하고 싶은 게 너무 많은, 소위 '하고잡이'입니다. 싫증도 잘 내는 편이어서 저 같은 사람이 블로그를 할 수 있을지 의문입니다. 여러 가지 주제를 섞은 '잡블로그'를 해도 될까요?"

반가운 질문이다. 혹시 나와 도플갱어는 아닐까? 나도 하고 싶은 게 너무 많다. 싫증도 잘 내는 편이다. 지구력도 부족하다. 금방 질리기 때문이다. 나 같은 사람이 어떻게 블로그를 7년 넘게 할 수 있는 걸까? 블로그를 오래 할 수 있었던 비결은 다음과 같다.

첫째, 하고 싶은 게 많은 건지, 좋아하거나 잘하는 게 분명치 않아서 여러 군데 다리를 걸치고 있는 건지 글을 쓰면서 판단했다. 사람은 누구나 의식주에 관해서 관심사가 있는 편이다. 맛집, 여행, 영화, TV를 자기 관심사가 아니라고 말하는 사람이 몇이나 될까? 먹고, 자고, 입고, 노는 건 누구나 한다. 그래서 나의 관심사가 많은 것처럼 보이지만 실제로 글을 써보면 내가 살아가기 위해서 관성적으로 하는 행위인지, 관심이 있고 좋아서 하는 일인지 알 수 있다.

많은 사람이 자신은 평범하다고 말한다. 우리나라에서는 겸손이 미덕이기 때문에 자기 능력을 스스로 내세우지 않는 사람도 많다. 일주일이면 일주일, 한 달이면 한 달, 글을 쓰면서 자기를 돌아보자. 열 손가락 깨물어 안 아픈 손가락 없다지만 써둔 글을 모아놓고 보면 조금이라도 더 정이 가고 흐뭇한 글이 있다. '하고잡이'인 나는 글을 쓰면서 하고 싶은 것과 할 수 있는 것을 가릴 수 있었다. 하고 싶으면서 할 수 있는 것이라면 머뭇거리지 않고 시도했다.

둘째, 하나의 대주제를 정하고, 여러 개의 소주제로 나누었다. 나의 대주제는 '육아'였다. 소주제는 다양했다. 독서 일기, 영화 감상문, 상품 후기, 여행 후기, 가끔은 일상다반사를 담은 완결되지 않은 수다도 썼다. 독자들에게는 부족한 글일지 몰라도 '하고잡이'인 나는 블로그에 자유롭게 글을 쓸 수 있어서 좋았다. 아마 내게 갖추어진 글을 쓰는 공간만 있었다면 자기만족이 덜했을 것 같다. 돌아보면 나는 하고 싶은 것을 대부분 시도한 편이다. 아이디어가 떠오를 때마다 일단 질렀다.

블로그 초반에는 남편과의 연애 일기를 연재했다. '시(詩)엄마'라는 시리즈로 시를 썼다. 다큐멘터리를 보다 보니 육아 공부가 더 잘되는 것 같아서 '다큐육아'라는 연재물도 기획했다. 새로운 시도를 할 때는 늘 이유가 있었다. 이유를 대는 것은 중요하다. 갑자기 이런 글을 왜 쓰는 건지, 이 글을 왜 봐야 하는지 자신부터 납득이 되어야 독자도 납득을 하고 함께 글을 읽을 수 있기 때문이다. 이유를 묻는 과정에서 내가 진짜 하고 싶은 건지 필터링 되기도 했다.

셋째, 처음부터 한 가지 주제를 확정하기 어렵다면 블로그에 콘셉트만 잡아본다. 자칭 '잡블로그'라는 블로그를 보면, 한 줄기로 꿸 수 있는 주제를 발견하기 힘들고, 모든 글이 독립적인 경우가 대부분이다. 거듭 말하건대, 이렇게 운영해도 내가 만족하면 그대로 운영해도 된다. '잡블로그'는 절대 하면 안 된다고 말할 수 없다. 다만 나 스스로 의문이 들고 발전하고 싶다면 개편하기를 추천한다. 독립적인 글을 하나로 꿸 수 있는 콘셉트를 잡아도 좋다. 예를 들어 '나 홀로 라이프' '초보 아빠의 육아일기' '사회 초년생 살아가는 이야기' 이런 식으로 콘셉트를 잡으면, 블로그에 정체성이 부여되기 때문에 다양한 이야기를 쓰더라도 소재에 연결고리가 생긴다. 맛집 가고 여행 가고 상품 후기를 올려도 '사회 초년생'이라는 한줄기로 꿸 수 있다.

블로그가 한 가지 주제의 전문성을 살린 글을 선호하는 구조로 나아가고 있는 것은 분명하다. 나만 하더라도 다양한 소재를 쓴 블로그와 한 가지에 집중한 포스트는 팔로워 수가 5배가량 차이가 난다. 자기만족에 그치지 않고 커리어를 만들고 수익을 얻고 싶은 사람이라면 글을 쓰면서 내가 더 재미있는 주제에 집중해보길 바란다. 이는 나에게도 도움이 된다. 이거 조금 해보고 싫증 내고, 저거 조금 해보고 싫증 내며 넓고 얕은 관심사를 가졌던 내가 한 분야에 집중하기로 마음먹으면서 콘텐츠도 성장하고 나도 성장했다.

넷째, 가볍게 시작했다. 내가 한 모든 시도의 공통점이 있다면 힘을 빼고 시작했다는 것이다. 블로그는 뭔가를 가볍게 시작하기에 딱이다. '시(詩)엄마'를 시작할 때 첫마디는 "시 같지도 않은 그녀의 막돼먹은 시 세계 속으로 함께 빠져보실까요?"였다. 오늘부터 내가 명품 시를 쓸 테니 모두 진지하게 들어달라고 한 적은 없다. 그저 문득 시를 쓰고 싶었고, 마침 그때 시상이 자주 떠오르곤 했다. 달걀과 김에게 바치는 헌정시, 엄마가 늙어서 미안하다는 '노모가(老母歌)' 등 근본 없는 시를 쓰며 가장 즐거웠던 사람은 나다.

방송사에서는 정규 편성을 하기 전 파일럿 프로그램(pilot

program)을 제작한다. 1~4회 정도 방송해보고 반응이 좋으면 정규 프로그램으로 편성하곤 한다. 블로그에서 한 새로운 시도들은 나에게 파일럿 프로그램과 같았다. 해보고 괜찮으면 정규 편성한다. 괜찮지 않더라도 내가 재밌었으니 그걸로 족하다. '하고잡이'가 글마다 엄숙한 마음으로 임한다면 그 무게감에 금방 지쳐버리고 말 것이다. 가볍게 시작하고 쓰면서 성장하자.

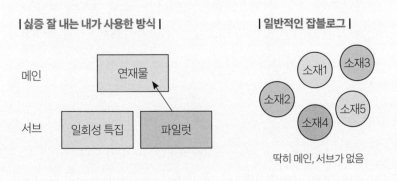

| 싫증 잘 내는 내가 사용한 방식 |

메인 — 연재물

서브 — 일회성 특집 / 파일럿

| 일반적인 잡블로그 |

소재1, 소재3, 소재2, 소재4, 소재5

딱히 메인, 서브가 없음

블로그 글쓰기는 다양한 형태를 지녔다. 명확한 틀이라는 것이 없다. 내가 좋고, 나에게 맞으면 된다. 시도해봐야 알 수 있다. 사귀어봐야 그 사람이 나와 맞는지 안 맞는지 알 수 있듯이 글도 써봐야 한다. 블로그 글쓰기를 보통의 글쓰기와 동격으로 여기지 않았으면 한다. 문학적 글쓰기를 제외한 거의 모든 글쓰기 방식을 경험한 나로서는 블로그 글쓰기만의 독창성이 있다고 생각한다. 블로그에서 어느 글이 명품이고, 어느 글이 최고라고 감히 누가 말할 수 있겠는가? 남의 글을 참고하되 내 글을 가두는 용도로 쓰이지 않았으면 한다. 공부하되 얽매이지 말고, 엿보되 갇히지 말자. 내 글은 자연산이다. 가두리 양식으로 틀에 가두지 말자. 하고 싶은 글 다 써봐라. 그래도 된다.

잘하려고 하지 말고
나답게 하자

당신께 보내는 마지막 당부다. 블로그가 매일 재밌고 카타르시스
가 느껴진다면 거짓말일 것이다. 블로그를 하기 싫을 때가 2가지
경우가 있다. 하나는 블로그를 일로 삼을 때, 하나는 남들과 비교
할 때다. 특히 잘해보려고 애쓸 때 초심을 자꾸 까먹는다. 나는 당
신이 그러지 않았으면 좋겠다. 습관적으로 비교하면서 쉽게 주눅
드는 사람도 있을 것이다. 이런 분은 블로그의 성공담을 너무 많
이 보지 않길 권한다. 누군가의 10년을 나의 1일과 비교하면 초라
하기 짝이 없다. 그들에게도 소박한 1일이 있었다.

나는 자신감이 없어졌을 때 즐겨 보는 블로그의 첫 글을 찾아 보았다. 카페를 개설할 때도 유명한 카페의 첫 글을 찾아 읽었다. 첫 글을 찾아가는 여정은 한 사람의 역사를 겸허히 공부하는 과정이다. 수십, 수백 페이지를 넘기고 넘기다가 첫 글에 다다르면 깨닫게 된다.

'아, 이 사람에게도 나와 같은 1일이 있었구나.'

블로그는 완성된 재능으로 하는 것이 아니라, 재능을 완성해 나가는 것이다. 어쩌면 완성하지 않아도 그 자체로 즐기는 것이다. 어느 날 갑자기 콘텐츠가 만들기 싫어지더라도 나는 블로그에 계속 글을 쓸 것 같다. 블로그는 콘텐츠를 만들려고 한 행동이 아니기 때문이다. 블로그는 내가 생각하고 존재하기 위해서 하는 것이다.

나를 이해하고 좋은 부모가 되고 싶어 시작한 글쓰기. 성장하고 싶은 마음을 선물해준 남편과 두 딸에게 감사한다. (애들아, 너희는 내 삶의 이유란다. 나의 보물들, 사랑한다.) 항상 딸내미를 응원해주는 우리 엄마께도 감사한다. 부족한 글을 읽어주고 호응해주는 블로그 독자님들과 네이버 카페 '엄마의 꿈방' 꿈디에게도 감사의 인사를 전하고 싶다.

블로그에 진성성 있는 글을 쓰면 좋은 인연이 생긴다. 내 세계에 사람들이 모이면 공감과 지지를 기반으로 새로운 인생의 도약을 할 수 있다. 이 책의 이야기는 여기까지다. 당신이라는 고유한 사람을 믿고 지속 가능한 블로그를 꾸준히 유지할 수 있도록 도움을 주고 싶었다. 받아들일 건 받아들이고 버릴 건 버리면서 자신의 철학과 계획을 다듬어봤으면 좋겠다. 당신에게 부디 좋은 일이 가득하길 기원한다.

미세스찐의 블로그
in.naver.com/mrsjin

주

프롤로그

1) 2020 네이버 블로그 리포트(campaign.naver.com/2020blog/
   blogreport/)
2) 한경비즈니스, "긴 글 찾는 MZ세대…블로그의 화려한 부활",
   2021.07.26.
3) 「저작권법」 제9조에는 "법인 등의 명의로 공표되는 업무상 저작물의 저작
   자는 계약 또는 근무규칙 등에 다른 정함이 없는 때에는 그 법인 등이
   된다"라고 명시되어 있다.
4) 포스코 '세상의 베이스가 되다' 베이스캠프 편

1장

1) 구본형 변화경영연구소, 『나는 무엇을 잘할 수 있는가』, 고즈윈,
   2008.03.25.
2) 김영수, 『중국 3천년, 명문가의 자녀교육법』, 스마트비즈니스,
   2017.11.15.
3) 문화 웹 매거진 ize(아이즈), "허지웅 '저 사람은 아직도 쓰네?'라는 말을 들
   을 정도로 계속 쓰고 싶다"(2013.12.20.)
4) 한혜진(미세스쩐), 『극한육아 상담소』, 로지, 2016.11.30.
5) 팀 페리스, 『타이탄의 도구들』, 토네이도, 2018.01.29.
6) 이슈메이커, "인간과 곤충의 거리를 좁히다", 2021.09.01.
7) 로이터, "Obama warns teens of perils of Facebook", 2009.09.09.

2장

1) 랄프 왈도 에머슨,『스스로 행복한 사람』, 2009.11.25.

2) 국민일보, "'먹고 나서 울었다' 미국인이 극찬한 한국식 핫도그",
　　2017.07.09.

3) 고양신문, "잘 쓴 글보다 좋은 사람 만나는 것이 우선이죠", 2020.04.29.

4) 네이버 지식백과(두산백과)

5) 마커스 버킹엄,『위대한 나의 발견 강점 혁명』, 청림출판, 2002.08.10.

6) tvN 〈유 퀴즈 온 더 블록〉, 2021.07.14.

7) 카카오TV '찐경규' 2021.01.20.

8) 이성복,『네 고통은 나뭇잎 하나 푸르게 하지 못한다』, 문학동네,
　　2014.12.10.

9) 구본형,『나는 이렇게 될 것이다』, 김영사, 2013.09.05.

3장

1) 게리 바이너척,『크러싱 잇! SNS로 부자가 된 사람들』, 천그루숲,
　　2019.04.20.

2) 신동아, "'회색인간' 작가 김동식", 2018.03.25.

3) 이효리,『가까이』, 북하우스, 2012.05.24.

4장

1) 나탈리 골드버그,『뼛속까지 내려가서 써라』, 한문화, 2018.10.27.

2) 표도르 블로그(2011), 티타임즈 "블로그 일기 덕분에 프랜차이즈 차르 된
　　피자가게 주인", 2019.10.16.

3) 고기리 막국수 블로그 '국수, 그 찰나를 쓰다(blog.naver.com/yjkim228)'

4) 데이비드 오길비,『광고 불변의 법칙』, 거름, 2004.03.25.

5) 나카시마 바오,『작은 몸의 철학자, 바오』, 아우름, 2017.04.17.

6) 우버ㅅ사이트, "[명재영 칼럼] 무의식이 주식 투자에 미치는 영향?",
　　2021.01.22.

7) 대니얼 카너먼, TED "The riddle of experience vs. memory(경험 대 기억, 그 수수께끼 같은 관계)", 2010.02.

8) tvN 〈어쩌다 어른〉, "당신의 자녀가 공부 못하는 진짜 이유", 2017.10.19.

9) 한국출판마케팅연구소(blog.naver.com/khhan21)

5장

1) 버락 오바마, 〈타임〉 인터뷰, 2012.

2) 경향신문 "나이듦에 대하여…세 여성의 '한 살 더'", 2018.12.29.

3) 다나카 히로노부, 『글 잘 쓰는 법, 그딴 건 없지만』, 인플루엔셜, 2020.05.15.

4) 다나카 히로노부, 『글 잘 쓰는 법, 그딴 건 없지만』, 인플루엔셜, 2020.05.15.

5) 네이버 프라이버시센터(privacy.naver.com/policy_and_law/digital_heritage? menu=policy_service_manage_digital_heritage)

6) 조선비즈, "GDP는 비키니 같아… 다 보여주는 것 같지만 중요한 것은 보여주지 않아", 2017.03.16.

7) 김훈, 『자전거 여행 1』, 문학동네, 2014.10.22.

8) KBS 2TV 〈대화의 희열2〉, 김영하 작가 편, 2019.06.15.

6장

1) 조던 피터슨 유튜브 'Jordan B Peterson', "2017 Maps of Meaning 06: Story and Metastory"

2) www.brainyquote.com/quotes/william_albert_allard_164540

3) 다자이 오사무 외 29인, 『작가의 마감』, 정은문고, 2021.02.25.

4) 머니투데이, "암 투병 고객에 '선물가격은 완쾌'…편백나무 사장님 '돈쭐'난 사연", 2021.06.02.

나는 매일 블로그로 출근한다

초판 1쇄 발행 2022년 1월 20일
초판 6쇄 발행 2023년 4월 5일

지은이 한혜진
브랜드 경이로움
출판 총괄 안대현
기획·책임편집 김효주
편집 정은솔, 이동현, 이제호
마케팅 김윤성
표지·본문디자인 김혜림

발행인 김의현
발행처 사이다경제
출판등록 2021년 7월 8일 제2021-000224호
주소 서울특별시 강남구 테헤란로33길 13-3, 2층(역삼동)
홈페이지 cidermics.com
이메일 gyeongiloumbooks@gmail.com (출간 문의)
전화 02-2088-1804 **팩스** 02-2088-5813
종이 다올페이퍼 **인쇄** 천일문화사
ISBN 979-11-975636-2-1 (03190)